HARMO[N]
THANKS FOR BEING SUCH
A GREAT FRIEND FOR ALL
THESE YEARS, WE'RE HOPING
FOR 60 MORE!
MIRIAM & JIM

明清琺瑯器展覽圖錄

ENAMEL WARE IN THE
MING AND CH'ING DYNASTIES

國立故宮博物院
National Palace Museum

目　錄

明清琺瑯工藝概論　　　　　　　　　　　　　　　　3

Enamel Art in the Ming and Ch'ing Dynasties　　　　45

圖版目次　　　　　　　　　　　　　　　　　　　　53

List of plates　　　　　　　　　　　　　　　　　　57

圖版及解說／Plates and Catalogue　　　　　　　　65

明清琺瑯工藝概論

壹・前言

國人習慣上將附著在瓷器表面的玻璃質稱為釉,而用於瓦片建材上者稱為琉璃,塗飾在金屬器物外表的則稱為琺瑯釉。玻璃、瓷釉、琉璃和琺瑯釉四者原料大同小異,主要的成份都是矽酸鹽類。唯後三者需與不同材質的胎體結合,因此在製作技術上要兼顧釉與胎兩者的理化性質;也就是說,這些釉至少應調配到膨脹係數比胎質的小,同時熔點要比胎質的低,才能完整地附著在器表以增添器皿的美觀。

我國陶瓷工藝的成就獨步世界,除了在藝術方面表現出國人優美文化的內涵之外,對胎釉結合知識的掌握,更證實了國人的智慧;而琺瑯工藝,其製作技法的艱難,就是在於如何克服胎與釉間緊密附著的問題,這種自外國傳入的工藝,國人所以能很快地掌握其製作的技巧而發揚光大,並青出於藍勝於藍,顯然與國人深厚豐富的製瓷經驗不無關係。

一・琺瑯釉

概略地說,琺瑯釉是將常見的石英、長石、硼砂、氟化物等原料按照適當的比例混和,分別加入各種呈色的金屬氧化物,研成粉末,再燒結成矽酸化合物與硼酸化合物的混合物,因其不具規則化的晶格,故沒有固定的熔點,僅有固態與液態互變的溫度範圍,大致底釉在攝氏 820-870 度,面釉在 790-840 度之間(註1)。通常是先將原料燒成基本釉的熔塊,在製作的過程中再加入需要呈色的金屬氧化物。

基本釉料中石英的成份是高熔點的二氧化矽,故需加入含有三氧化二鋁及鈉、鉀等鹼金屬成份的長石,使之熔點降低;然而由於鈉、鉀的存在,會增大釉料的膨脹係數,為了減小其與胎體間膨脹係數的差異,即降低因冷縮熱脹而影響釉與胎間的附著力,需加入硼砂來調節;其他如氟化物,一則用來降低釉料的黏度,使熔融的釉料易於流動而覆蓋住整個器表,同時也可使釉藥析

註1:程道腴等《琺瑯學》,臺北徐氏基金會1980,章5頁39、42。

出體積微細的晶體，不但可使釉藥乳化而失透，遮蓋住胎體使之不要裸露，同時也可增強釉層的耐壓度（註2）。採用不同材質的胎體時，則要調整基本釉中熔媒等成份的劑量或種類，使釉料的膨脹係數比胎質小，熔點比胎質低。基本釉中加入的金屬氧化物，是以金屬離子特具的顏色而使琺瑯釉呈色，或成為膠狀、或懸浮狀的粒子對光線的色散或吸收而呈色（註3），例如氧化鈷呈藍或紫色，氧化銅呈藍綠色，氧化銅混和氧化鈷則顯青色、氧化亞銅呈紅色、氧化鎳在含鉀之釉中呈紅色，在含鈉之釉中呈黃綠色，又如氧化鐵單獨使用呈褐色，與氧化鈷及二氧化錳合用則呈黑色或黑褐色（註4）。

二・琺瑯胎

我國明代的琺瑯器以銅或銅合金為胎（註5），清代則偶而也有金、銀及其合金為胎的琺瑯。以銅或青銅為胎體，除了較經濟之外，以材料學的角度分析也是非常好的選擇，因為銅在空氣中表面易形成的氧化層，當其與釉在高溫下作用時，較易與琺瑯釉結合成中間層，增強釉在胎面的附著力；反觀一些為了美觀而以金、銀為胎者，因為金、銀在空氣中穩定而不氧化，無法與琺瑯釉結合成中間層，還得藉重胎面凹凸的機械功能增強釉與其間的附著力（註6）。

三・琺瑯的種類

將琺瑯釉藥塗覆在金屬胎表面所成的器皿稱為琺瑯器，簡稱為琺瑯。琺瑯在明清雖然有種種不同的名稱，現代主要以製作的技法分類，有掐絲、內填（鏨胎）和畫琺瑯三種。掐絲琺瑯為三種琺瑯器中最早發明者，其製作方法，先以銅絲盤出花紋，將之黏固在胎上，填施各色琺瑯釉料至花紋框格內，花紋外則填他色釉料為地（通常以藍色釉料為多），而後入窯烘燒，如此重複數次，待器表覆蓋琺瑯釉至適當厚度，再經打磨、鍍金等手續始成。

畫琺瑯是先將金屬胎內外燒上一層不透明琺瑯釉作

註2：程道腴譯《琺瑯工藝學》「琺瑯的組成」，臺北徐氏基金會1979，章5頁99。
註3：同上註書，「琺瑯及塗覆物的性質－離子的著色劑、膠質著色劑、用顏料著色」，章3頁59-61。
註4：(一)同註2書，章3頁59-61。
(二)平安〈認識琺瑯釉藥〉，《工藝家》臺北工藝家雜誌社1983/7，頁20-21。
註5：《Antique Chinese Cloisonne'.》, Introduction: The charateristics of Ming and Qing Cloisonne', Art Grallery of Greater Victoria, Victoria, British Columbia. 1983.
文中稱也以黃銅為胎；實際上黃銅膨脹係數太大，不能作為琺瑯的胎體。
註6：程道腴譯《琺瑯工藝學》，臺北 徐氏基金會1979，章3頁41-42。

底，再依設計圖樣在底釉上繪畫紋飾或塗面釉，然後入窯烘燒即成。

內填琺瑯器的製法與掐絲琺瑯相似，唯胎體及器表的紋飾是採用範鑄、鏨刻、腐蝕或敲壓等技法製成，故內填琺瑯也稱為鏨胎琺瑯。由於填燒的琺瑯釉有厚薄的不同而呈多種形態，有的琺瑯釉蓋過胎面（圖版159）、有的僅蓋住下凹的胎面而使突起的金屬紋飾裸露（圖版160），二者均有浮雕的效果；另一類則在胎面精雕細琢出美麗的地紋及紋飾，再填燒各色透明的琺瑯釉，除了能使釉藥更堅固地附著在胎面外，透明的釉色與花紋、地紋、胎色相映，倍增美觀（圖版151）。

此外，十四、十五世紀伊斯蘭人也將琺瑯釉繪飾在玻璃器上，稱為玻璃琺瑯，或稱之彩繪玻璃；清朝康雍乾宮中作坊亦燒製玻璃胎畫琺瑯，或稱作古月軒（註7）；古月軒在過去曾一度是指在瓷器表面繪琺瑯釉的琺瑯彩瓷。現代也有人以琺瑯的性質或胎體質材的來命名的，則有耐酸琺瑯、耐熱琺瑯、發光琺瑯及鑄鐵琺瑯、不銹鋼琺瑯、鋁琺瑯、玻璃琺瑯……等等 （註8）。

貳・釋名

自來人們常以產地的地名作為工藝產品的名稱，琺瑯就是來自被譯稱為拂菻、拂林、佛郎、富浪、拂郎地方的一種工藝品。宋太祖建隆二年(961)占城貢大食瓶（註9），所謂大食瓶，元人吳淵穎作〈大食瓶〉詩云：「西南有大食，國自波斯傳，茲人最解寶，厥土善陶挻，素瓶一二尺，金碧燦相鮮，晶熒龍宮獻，錯落鬼斧鐫……」（註10），作者所吟的大食瓶，過去往往被人誤指為掐絲琺瑯，或當為一般陶瓷瓶；事實上大食瓶應是一泛稱，出自回教世界的器皿籠統的叫做大食瓶，《宋史》中的大食瓶是指琉璃瓶，吳淵穎詩中所云的大食瓶是指一些描金的陶瓷瓶（註11）。這就是一個以物品來源地的名字作為器物名稱的例子，即便是在外國也有這樣的習慣，例如波斯語中就有將中國傳入彼地的瓷器稱

註7：張臨生〈清宮鼻煙壺製器考〉，《故宮學術季刊》，臺北國立故宮博物院1991，卷8期2頁23-24。

註8：〈認識琺瑯釉藥〉，《工藝家》，臺北工藝家雜誌社1983/7，頁23。

註9：《宋史》「外國五・占城」卷489（列傳248）。《景印文淵閣四庫全書》，臺北 臺灣商務印書館1983，冊228頁809。

註10：（一）吳萊《淵穎集》，卷二頁20-21。《景印摛藻堂四庫全書薈要》，臺北世界書局1988，冊405（集部第58冊）頁26。
（二）吳淵穎卒於至元六年見朱家溍〈銅掐絲琺瑯和銅胎畫琺瑯〉引明宋濂〈淵穎先生碑文〉，《文物》，北京文物出版社1960/1，頁45。

註11：張臨生〈說大食瓶〉，《故宮文物月刊》，臺北國立故宮博物院1985，總期29頁76。

為「秦尼」，波斯語中的「秦尼」，就是「中國的」的意思（註12）。

至於在《隋書》、《舊唐書》、《新唐書》、《宋史》或宋《冊府元龜》等書中所謂的拂菻或拂林地方（註13），就是指《後漢書》中的大秦國（註14），在元代則稱為佛郎或富浪（註15），明代稱之拂郎（註16），這些名稱都是指同一個生產琺瑯的地區，就是地中海東岸的東羅馬帝國（即拜占廷帝國）一帶，由於出自外文的音譯，而產生文字上的困擾。

自國外傳入的琺瑯工藝，由於外文譯音的差異或命名的方式不同，在文獻中有種種不同的稱謂，與今人採用的名稱之間有一段差距，其間的演變，今將其一一列舉如下：

一・大食窯、鬼國窯

明・洪武二十一年曹昭《格古要論》「大食窯」條曰：「以銅作身，用藥燒成五色花者，與佛郎嵌相似，嘗見香爐、花瓶、盒兒、盞子之類，但可婦人閨閣之中用，非士大夫文房清玩也，又謂之鬼國窯」（註17）。

所謂「大食窯」，史稱：「信仰偶像教之蒙古人與突厥人稱回教徒為大食人，信奉回教的阿拉伯人侵略波斯河中兩地以後，細渾河東之突厥人稱此種地域為大食之國(Tazi)，質言之即阿拉伯人之國也」（註18）。由於掐絲琺瑯當時是由阿拉伯地區直接或間接傳入我國，故稱掐絲琺瑯為大食窯，或因大食男子「鼻高黑而髯」（註19），又國人喜謔稱外國人為鬼子，故又有鬼國窯之稱。

二・佛郎嵌、鬼國嵌

稱呼為佛郎嵌的器物，雖然曹昭認為與掐絲法瑯是屬不同類的工藝品，但是王佐於天順三年刊行的《增補格古要論》「大食窯」條中卻稱：「今雲南人在京多作酒盞，俗呼鬼國嵌，內府作者，細潤可愛」（註20）。排比「鬼國嵌」與「佛郎嵌」的稱呼，二者似乎又屬同類的器

註12：(一)許博遠〈我們的交往已有二千年的歷史—隨中國考古代表團訪問伊朗散記〉引〈福建日報〉1977/11/29，《泉州港與古代海外交通》，北京文物出版社1980，章3頁81。
(二)岑仲勉《中外史地考證》，香港太平書局1966，上冊頁290。
Machin條引《玉爾書》稱：外文中云「中國的」有Sin、Chin、Sinae、China等方式卷三頁151。
按：其中Sinae係來自拉丁文，譯音近似「秦尼」而非「泰尼」。故在(一)許氏原文中所云的「泰尼」應是「秦尼」之誤。
(三)「姜生」即「秦尼(Sina)之根」。陳瑞德等《海上絲綢之路的友好使者》西洋篇，北京海洋出版社1991，章5頁53。
按：文中的Sina，應是Sinae之誤。

註13：(1)「波斯每遣使貢獻……西北去拂菻四千五百里」見《隋書》「西域-波斯」，卷83頁20。《景印文淵閣四庫全書》，臺北臺灣商務印書館1984，冊264頁1148。
(2)「拂菻國一名大秦，在西海之上……」見《舊唐書》「西戎-拂菻」，卷198頁34。《景印文淵閣四庫全書》，冊271頁765。
(3)「拂菻古大秦也……」《唐書》，卷221下頁21。《景印文淵閣四庫全書》，冊276頁394。
(4)「拂菻國……東自西大食及于闐、回紇、青唐乃抵中國」見楊家駱主編《新校本宋史并附編三種》，臺北鼎文書局1983，冊18卷490頁14124。
(5)「五月拂林國王遣大德僧……」見王欽若《冊府元龜》，卷971頁16。《景印文淵閣四庫全書》，冊919頁274。

註14：「人民皆長大平正有類中國，故謂之大秦……」見《後漢書》「西域-大秦」，卷118（列傳78）頁12。《景印文淵閣四庫全書》，冊253頁692。

註15：(1)「……第八世王開廓蘇嗣位五載，而貝住軍至……開廓蘇率二萬騎至會挖司城，有佛郎兵二千為助……」注云：「古時波斯等皆稱歐羅巴人為佛郎，即法蘭西也，地中海有扯潑耳島，當時謀復耶穌墓人，據島立國，此兵即由此島而來，郭侃傳，西渡海收富浪，殆亦此島，富浪亦即佛郎。」《元史譯文證補》，卷22下 頁292。
楊家駱主編《新校本元史并附編二種》，臺北鼎文書局1990，冊7。
(2)「西渡海收富浪……」，《元史》「郭寶玉子郭侃傳」，卷149（列傳36）。
楊家駱主編《新教本元史并附編二種》，臺北鼎文書局1990，冊5頁3525。

註16：「古里……貢物有寶石、珊瑚珠、琉璃瓶、琉璃枕、寶鐵刀、拂郎雙刃刀……」，《明史》「外國七・古里」，卷326（列傳卷214）。《景印文淵閣四庫全書》，冊302頁

物；如今僅從以上兩則資料，實難斷定其是指掐絲琺瑯抑是內填琺瑯。

在此暫且不談其為那種器物，僅就「佛郎嵌」的稱呼而論，顯然並未觸及「窯」字，可能當時並不知道琺瑯是由「窯燒成器」，因此這個名稱應非啟用於已經知道琺瑯製作方法的明代；又因為被譯稱為「佛郎」的琺瑯工藝興盛之地，古來就有多種不同的譯名，例如在《宋史》中稱「拂菻」、《明史》稱「拂郎」，唯有在《元史》中以「佛郎」稱之，故「佛郎嵌」這個名稱，理當產生在元代，是國人稱呼琺瑯最早的名字，也是在元代琺瑯製作技法未傳入之前的稱呼。

然而在清代的文獻中，「佛郎嵌」卻明白的是指鏨胎琺瑯，也就是內填琺瑯。乾隆三十二年成書的《古銅瓷器考》「大食窯」云：「佛郎嵌即今發藍也……。」（註21）。發藍就是清初與畫琺瑯同時自西洋傳入鏨胎琺瑯，由於通常以填燒藍色的釉藥最多，或僅於部份器表填燒釉藥裝飾，故坊間也俗稱為點藍，就是內填琺瑯。佛郎嵌在嘉慶二十年刊行的《景德鎮陶錄》中則以「佛郎嵌窯」(22)稱之，比較「佛郎嵌」與「佛郎嵌窯」兩個名稱，更明顯地看出後者是知道製作方法之後的稱謂。

乾隆五十八年六月十四日軍機處奏片，記載英皇為乾隆八十三歲萬壽，遣貢使來華賀壽，在清廷的擬賞單中有琺藍玩器一件（註23）。由於當時賞英王的禮物為紫檀彩漆銅掐絲琺瑯龍舟仙台，故知琺藍絕非掐絲琺瑯，可能是發藍之訛。

三‧法藍

《天水冰山錄》收錄嘉靖朝權臣嚴嵩籍沒抄家清冊中，出現金法藍酒盤、金法藍大折碗、金廂寶石法藍壺、明角法藍盤、及法藍并藤織茶鍾、酒杯、碗碟等名目（註24）。法藍自然是指當時製作技術已相當熟練的掐絲琺瑯器，以院藏十六世紀中期前後的琺瑯文物而言，釉色透明而精美，當時嚴嵩家中使用這類器皿是理

733。

註17：曹昭《格古要論》「大食窯」，卷下 頁4。《景印文淵閣四庫全書》，冊871頁108。

註18：馮承鈞譯：萬有文庫薈要《多桑蒙古史》，臺北 臺灣商務印書館1965，冊1 卷1 章7 頁100。

註19：《唐書》，卷221下 頁23。《景印文淵閣四庫全書》冊276 頁395。

註20：王佐《增補格古要論》「鬼國窯」卷7。明萬曆間新都黃正位等校刊本 中央圖書館善本藏書550。

註21：「大食窯出大食國，以銅作身用藥燒成五色，與佛郎嵌相似，佛郎嵌即今發藍也。其鮮潤不及窯器，又謂之鬼國窯，今雲南人在京多作酒盞，俗呼曰鬼國嵌，內府作者精細可觀。從兩廣來者世稱為洋磁，亦以銅作骨，嵌磁燒成，嘗見爐瓶盞碟澡盤壺盒等。器雖甚絢彩華麗，而欠光潤僅供閨閣之用，非士大夫文房清玩也」。梁同書《古銅瓷器考》「大食窯」。楊家駱主編《美術叢書》，神州國光社1947，冊3 初集 五輯 頁160。

註22：「亦呼鬼國窯，即今所謂發藍也，又訛法瑯，其窯甚狹小制如爐器，器亦以銅作胎用色藥嵌燒，頗絢采可玩」；而在「洋磁窯」中則稱：「西洋古里國造，始者著代莫考，亦以銅為器骨，甚薄，嵌磁粉燒成，有五色繢彩可觀，推之作銅聲，世稱洋磁，澤雅鮮美食不及瓷器也，今廣中多倣造」。藍浦《景德鎮陶錄》「佛郎嵌窯」。《美術叢書》，神州國光社 1947，冊9 二集 八輯 頁158-159。

註23：《英使馬戛爾尼來聘案》頁11。《筆記小說大觀》，臺北新興書局1976，12編 冊9 頁5360。

註24：金法藍酒盤二個（頁16），金法藍大折碗二個（頁18），金廂寶石法藍壺二把（頁93），名角法藍盤一三二箇（頁256），法藍并藤織茶鍾酒杯碗碟五三〇個（頁258）。《天水冰山錄》，一卷。《筆記小說大觀》，臺北新興書局1975，六編 冊6。

所當然之事；其中明角法藍盤有一百三十二個、法藍并藤織茶鍾、酒杯、碗碟五百三十個，數量之多，除了顯示時人的喜好之外，也表示使用之普遍。

至於在清《南窯筆記》中所稱的法藍（註25），則是指在陶瓷胎上起線，而後填施釉藥窯燒製成法華器上的釉藥名稱。雖然法華器與掐絲琺瑯在製作方式與釉藥方面，都有相當程度的類同，但在此名稱上純屬同名異物。

四·法朗

萬曆七年·陳善等修《杭州府誌》土產·貨之屬中記載杭州府產「法朗器皿」（註26）。杭州自從成為南宋都城以來，都市經濟更為興盛，「杭州大街……自五閒樓北，至官巷南街，兩行多事金銀鹽鈔引交易鋪……自大街及諸坊巷，大小鋪席，連門俱是，即無虛空之屋……」，他如「碾玉作、鑽捲作、篦刀作……每日街市，不知貨幾何也」（註27）。到了萬曆年間，杭州更是四方商賈雲集，遊人紛至沓來（註28），是故自嘉靖以來逐漸普及民間的法朗工藝，已然成為杭州地方主要的貨產之一。

五·琺瑯

掐絲琺瑯在明末清初曾被單稱為琺瑯，明末·方以智《物理小識》中云：「琺瑯因拂菻之法也，有鍜絲鑲嵌……」（註29）。明末清初·孫承澤《春明夢餘錄》中談到明代宮闕之制，前朝後市，市分內外「外市係士夫庶民之所用，若奇珍異寶進入尚方者，咸於內市萃之，至內造如宣德之銅器、成化之窯器、永樂果園廠之髹器、景泰御前作房之琺瑯，精巧遠邁前古，四方好事者亦於內市重價購之」（註30）。就因為當時的縉紳商賈紛紛重價競購景泰年製的掐絲琺瑯，時人為供應市場需求，製成我們現在所見的如此眾多具晚明期風格的景泰偽款之掐絲琺瑯。

六·法瑯

註25：清《南窯筆記》「法藍」。《美術叢書》，神州國光社 1947，冊16 四集 輯一 頁321。

註26：《杭州府誌》土產·貨之屬，《明代方志選》，臺北臺灣學生書局1986，冊4 卷32 頁9。

註27：吳自牧《夢粱錄》「鋪席」卷13 頁239-241、「團行」頁239，《東京夢華錄-外四種》臺北 大立出版社1980。

註28：陳家秀《杭州》，臺北 幼獅文化事業公司 1989，頁24。

註29：方以智《物理小識》「鍜理」，卷7頁11。《景印文淵閣四庫全書》，冊867 頁885。

註30：《春明夢餘錄》，卷6 頁74。《景印文淵閣四庫全書》，冊868 頁76。

入清以後，掐絲琺瑯也因為時間的變遷有種種不同名稱。《皇朝詞林典故》載：康熙「丙寅七月初九日賜食於西苑，并賜法瑯爐瓶匙箸香盒各一具同被恩賚者五人……」。翰林掌院學士張英等五員大臣，因蒙恩賚吟詩頌和「內製薰爐出禁闈，鏤金錯采碧琅玕……」（註31）。從「鏤金錯采碧琅玕」的詩句可知，康熙二十五年賜大臣的「法瑯」爐瓶，是屬掐絲琺瑯。院藏康熙款的掐絲琺瑯僅有六件，其中正有文房焚香所用的爐盒之類器物。

七・景泰琺瑯、琺瑯

雍正三年九月初七，〈內務府造辦處各作成做活計清檔〉（以下簡稱為〈成做活計清檔〉）：「太監杜壽交……景泰琺瑯雙龍瓶一件……琺瑯四方香几一件……景泰琺瑯象尊一件，琺瑯象鼻爐座一件……琺瑯海棠瓣香几一件……傳旨：俱收拾配座。欽此」（註32）。文中「景泰琺瑯」自然與「琺瑯」不同，前者無疑地是掐絲琺瑯，至於琺瑯，由於宮中習慣上是將內填琺瑯稱為廣琺瑯（詳見後文），所以在雍乾時期的畫琺瑯通常就以「琺瑯」稱之；雖然部份院藏乾隆朝盛放琺瑯器皿的木匣上，刻有畫琺瑯的字樣，但是就目前所見的〈成做活計清檔〉及〈膳底檔〉中，均將畫琺瑯簡稱為「琺瑯」。並無「畫琺瑯」的記載（註33）。

八・景泰掐絲琺瑯

雍正四年正月初七日〈成做活計清檔〉中出現「景泰掐絲琺瑯」的名稱(34)，顯然已用製作的技法來命名；又於雍正五年九月二十五日，圓明園來帖內中有「西洋掐絲綠琺瑯」的名稱（註35）。故現在所用掐絲琺瑯的稱呼，應該自此開始。

九・景泰藍琺瑯、景泰藍

雍正六年〈成做活計清檔〉云：「五月初五日，據圓明園來貼內稱……，孔雀翎不好，另做。其仿景泰藍琺瑯瓶花不好。欽此」（註36）。在「景泰藍琺瑯」的名

註31：清朱珪等奉敕撰《皇朝詞林典故》「藝文」，清嘉慶十年殿刊本卷31頁16-18。

註32：雍正三年九月初七日〈內務府造辦處各作成做活計清檔〉13（木作）中國第一歷史檔案館編《圓明園》，上海古籍出版社1991，下編 頁1168。

註33：（一）乾隆十二年十月初一日皇帝膳單，內有琺瑯葵花盒，銅胎琺瑯碗……等名稱。《清代宮廷生活》，臺北南天書局1986，頁192圖275。
（二）乾隆四十八年圓明園＜膳底檔＞中記載正月十五日正午，奉三無私安著紫檀木蘇宴桌，其上擺的高頭七品，是用「銅胎掐絲琺瑯碗上安燈籠花」；而正月十五日申正二刻，上至山高水長，進元宵一品時則用「五穀豐登琺瑯碗」，記載中既然有掐絲琺瑯碗與琺瑯碗之別，由器皿的紋飾及用途推測，後者應該是指畫琺瑯，而當時則僅用「琺瑯」二字稱之。《圓明園》下，頁934、936。

註34：楊伯達＜景泰掐絲琺瑯的真相＞引造辦處＜成做活計清檔＞雍正四年正月初七「員外郎海望持出景泰掐絲琺瑯馬掛小瓶一件，隨黃楊木座。雍正命造辦處琺瑯作：照此瓶大小款式燒造琺瑯瓶幾件」。《故宮博物院院刊》，北京文物出版社1981/2，頁18。

註35：雍正五年九月二十五日，據圓明園來帖內稱「九月二十二日郎中海望持西洋掐絲綠琺瑯一個。奉旨：著仿製」。
吳兆清＜清內務府活計檔＞引＜造辦處各作成做活計清檔＞3318號。《文物》，北京文物出版社1991/3，頁92。

註36：李久芳＜中國銅胎起線琺瑯及其起源＞引：雍正六年五月初五＜各作成做活計清檔＞云：「五月初五日，據圓明園來貼內稱……本月初四日，怡親王郎中海望呈進活計內，旨：……琺瑯葫蘆式馬掛瓶花紋群仙祝壽、花籃春盛亦俗氣。今年琺瑯海棠式盆再小，孔雀翎不好，另做。其仿景泰藍琺瑯瓶花不好。欽此」。《故宮博物院院刊》，北京文物出版社1994/4，頁13。

稱中，似乎披露命名者體會到景泰琺瑯的特殊，在於溫潤的藍色地釉，因此才會有這個名字誕生。

「景泰藍」應是由「景泰藍琺瑯」而來。光緒‧寂園叟《陶雅》：「範銅為質，嵌以銅絲，花紋空洞，雜填彩釉，昔謂之景泰藍，今謂之琺瑯，大抵(原文為氐)朱碧相輝，鏤金錯采，頗覺其富貴氣太重，若真係名器，亦殊古趣盎然」（註37）。文中之「昔」所指何時？今從雍乾兩朝相關的資料查尋，並無直接使用「景泰藍」名稱的記載，準此推測，景泰藍之名，最早在十九世紀前期才啟用。

十‧法藍

畫琺瑯最早的稱呼，是明代中期曾經用來稱呼掐絲琺瑯的「法藍」，《聖祖仁皇帝庭訓格言》載康熙三十年喀爾喀歸順，當其進貢羊匹時，康熙皇帝云：「朕不敢食，特遣典膳官虔供陵寢，朕始食之，及如朕新製法藍碗，因思先帝時未嘗得用，亦特擇其嘉者恭俸陵寢」（註38）。由於掐絲琺瑯自明以來宮中向有收蓄，而且前文也已證實康熙二十五年宮中已生產掐絲琺瑯器，故此時所云的「法藍」是指畫琺瑯，與明中期所云的法藍也是同名異物。

十一‧廣琺瑯、燒磁、洋磁、西洋琺瑯

乾隆朝文獻中用來稱呼畫琺瑯的名稱計有廣琺瑯、燒磁、洋瓷、及前文七‧已經述及的琺瑯。乾隆十七年十一月二十二日〈成做活計清檔〉（記事）：「……太監胡世傑交銅胎廣琺瑯缸一件，傳旨：著交郎世寧在水法殿陳設。欽此」（註39）。顧名思義，廣琺瑯應是產自廣州的琺瑯。畫琺瑯經海航由廣州傳入我國，並最先於當地設廠研製成功，清宮造辦處琺瑯作於康雍乾三朝也不斷地徵調廣州琺瑯藝師進宮獻技，因此廣琺瑯自然是指產自廣州的畫琺瑯，又名燒磁（註40）；不過當時廣州也是內填琺瑯主要的產地，而且根據乾隆二十六年皇太后七十聖壽時，王大臣進貢的貢品中，就有「四時玉燭

註37：寂園叟《陶雅》卷上 頁39。《藝術叢編》第一集 第33冊，臺北 世界書局1962。

註38：《聖祖仁皇帝庭訓格言》，頁47-48。《景印文淵閣四庫全書》，冊717頁639。

註39：乾隆十七年十一月二十二日 8<內務府造辦處各作成做活計清檔>(記事)，《圓明園》，上海古籍出版社 1991，下冊 九 頁1342。

註40：楊伯達<清乾隆五十九年廣東貢物一瞥>，《故宮博物院院刊》1986/3，頁9。

廣琺瑯蠟台一對、博山瑞靄廣琺瑯香爐一件、圓光妙轉廣琺瑯輪二件……」（註41），而今搜檢本院典藏的這類宗教性的法器或供具，多係在鑄鏨的器物上填繪琺瑯釉的鏨胎琺瑯，當然也有部份兼用掐絲琺瑯的技巧製成；同時院藏文物的原始清冊也將內填琺瑯記稱為廣琺瑯（註42），故廣琺瑯之名，應是指來自廣州的畫琺瑯和內填琺瑯之通稱。

《古銅瓷器考》「大食窯」中稱「……從兩廣來者世稱為洋磁，亦以銅作骨，嵌磁燒成，嘗見爐瓶盞碟澡盤壺盒等」（註43）。琺瑯來自西洋而外觀似瓷故名之洋磁（瓷），通常來自兩廣的洋磁較富西洋品味，釉色鮮豔，習慣上用紅、藍等單色來渲染山水景致(44)。

雍乾時期，來自廣州貢品的貢單中，將由外國進口的各種類別的琺瑯，稱為洋琺瑯（插圖1），例如洋琺瑯茶杯、洋琺瑯金鼻煙壺、洋琺瑯八音錶等（註45）。又在乾隆十八年正月十一日〈成做活計清檔〉（琺瑯作）：「庫掌鄧八格說，太監胡世傑傳旨：照涵經堂現掛的西洋琺瑯蓮花燈，照樣再做二對。欽此」（註46）。就院藏的洋琺瑯或稱西洋琺瑯，通常都是一些由歐洲進口的畫琺瑯及內填琺瑯，與前述產自兩廣的洋磁不同。

十二・金胎琺瑯、銀琺瑯、銅胎掐絲琺瑯

此外，還有一些以器物胎體的材質而命名的，例如雍正九年曾命郎世寧畫金胎琺瑯杯（註47）、乾隆三十年十二月二十二日，西寧為遵旨成造「銀法藍」事宜上奏摺（註48）；乾隆四十年四月初一〈成做活計清檔〉中有「……含經堂西暖閣仙樓上現供銀琺瑯五供，樣式甚好看……」（註49）；又乾隆四十八年正月十五正午〈膳底擋〉中有「銅胎掐絲琺瑯」的稱呼（註50）。

綜合以上的資料，依時序列出各種琺瑯名稱如下：

年代	名稱	類別	出處
元	佛郎嵌	內填或掐絲	《格古要論》
明初	大食窯	掐絲	《格古要論》

插圖1　來自法國的西洋琺瑯

註41：鄂爾泰等編纂《國朝宮史》，北京古籍出版社1987，下冊卷十八　經費二　頁412。
註42：參見本院院字第1906箱　故琺580、581兩件內填琺瑯，原名為乾隆款銅胎廣琺瑯瓶。在本院文物典藏清冊中以「廣琺瑯」稱謂者，包括畫琺瑯及內填琺瑯。
註43：同註21。
註44：楊伯達〈元明清工藝美術總敘〉，《故宮博物院院刊》，北京文物出版社1984/4，頁11。
註45：楊伯達〈從清宮舊藏十八世紀廣州貢品管窺廣東工藝的特點與地位〉引用〈宮中・進單〉，《清代廣東貢品》，香港中文大學文物館1987，雍正朝頁14、乾隆朝頁15、18。
註46：乾隆十八年正月十一日〈各作成做活計清檔〉386 (琺瑯作)。《圓明園》下，上海古籍出版社1991，九　頁1343。
註47：朱家溍〈清代畫琺瑯器製造考〉，《故宮博物院院刊》，1982/3，頁72。
註48：《乾隆朝宮中檔奏摺》，臺北　國立故宮博物院1984，二十七輯　頁122。
註49：〈各作成做活計清檔〉769（金玉作），《圓明園》下冊　九　頁1533。
註50：乾隆四十八年正月十五正午〈膳底擋〉，《圓明園》下冊　頁934-935。

明初	鬼國窯	掐絲	《格古要論》
明（十五世紀）	鬼國嵌	掐絲	《增補格古要論》
明中期	#法藍	掐絲	《天水冰山錄》
明（萬曆七年）	法朗	掐絲	《杭州府誌》
明末的	*琺瑯	掐絲	《物理小識》
			《春明夢餘錄》
康熙朝	法瑯	掐絲	《皇朝詞林典故》
康熙朝	#法藍	畫琺瑯	《聖祖仁皇帝庭訓格言》
雍正朝	景泰琺瑯	掐絲	〈成做活計清檔〉
雍正朝	*琺瑯	畫琺瑯	〈成做活計清檔〉
雍正朝（雍正四年）	景泰掐絲琺瑯	掐絲	〈成做活計清檔〉
雍正朝	景泰藍琺瑯	掐絲	〈成做活計清檔〉
雍正朝	洋琺瑯	內填及畫琺瑯	雍正朝廣東貢單
乾隆朝	廣琺瑯	內填及畫琺瑯	〈成做活計清檔〉
乾隆朝	發藍	內填琺瑯	《古銅瓷器考》
乾隆朝	佛郎嵌窯	內填琺瑯	《景德鎮陶錄》
乾隆朝	洋磁	畫琺瑯	《古銅瓷器考》
			《景德鎮陶錄》
乾隆朝	西洋琺瑯	內填及畫琺瑯	〈成做活計清檔〉
乾隆朝	銅胎掐絲琺瑯	掐絲	〈膳抵檔〉
乾隆朝	金琺瑯	內填及畫琺瑯	〈成做活計清檔〉
乾隆朝	銀琺瑯	內填及畫琺瑯	〈成做活計清檔〉
乾隆朝	琺藍	內填或畫琺瑯	《英使馬戛爾尼來聘案》
十九世紀前期	景泰藍	掐絲	《陶雅》

參・掐絲琺瑯

一・掐絲琺瑯的起源

談到掐絲琺瑯的誕生，往往要提到在裝飾意念與掐絲琺瑯近似的彩石鑲嵌器，或更接近的鑲嵌玻璃的金屬器。早在新石器時代，國人已具有以鑲嵌彩石來美化器物的觀念及技術了，於距今大約六千三百至四千五百年前的大汶口文化遺跡中，出土鑲有綠松石的骨指環和骨筒器（註51）。至於與琺瑯釉成份類同的玻璃，國人於

春秋末戰國初已能自製單色的鉛、鋇玻璃（註52），並於湖北江陵望山一號楚墓出土的越王勾踐青銅劍上，發現鑲嵌鉀鈣玻璃（註53）。據稱世界上最早發明玻璃的是腓尼基人（註54），在兩河流域的古城尤里都(Eridu)就曾經發掘出西元前二千年左右的玻璃（註55）。由希臘普魯斯島出土西元前十二世紀的六枚戒指和雙鷹權杖首，則被公認為最原始的掐絲琺瑯；據考希臘人在西元前六、五世紀曾經又燒製掐絲琺瑯（註56）；直到西元六世紀，拜占廷 (Byzantium) 的琺瑯工藝興盛，並首度傲視全球（註57）。拜占廷是希臘古城，希臘文稱伊士坦丁堡，位於博斯普魯斯海峽的西岸，西元一二〇三至一二六一年期間為十字軍占領，一四五三年成為東羅馬帝國（或稱拜占廷帝國）國都所在地，一四七〇年改稱為伊士坦丁堡。大約在西元十至十三世紀初，為當地掐絲琺瑯工藝發展的極盛時期，以製作宗教性器物為主（註58）。

二・掐絲琺瑯的傳入

南宋・顧文薦《負喧雜錄》「白光玻璃」條記云：「予得一瓶，以銅為胎，傅之以革，外為觚錂，彩繪外國人之奇形詭狀，卻是琉璃，極其工巧，不知為何物……」（註59）。文中所述的器物，就是前述東羅馬帝國境內生產以聖徒為主題的掐絲琺瑯，故知掐絲琺瑯至遲於十二世紀已經傳入我國。

阿拉伯地區的掐絲琺瑯傳入我國，應分為兩個階段，先是由彼地製作的掐絲琺瑯器，經由東西貿易的興起，隨著一般番貨傳入我國；而後又由於蒙古人統治歐亞大陸，建立大元帝國，由於人種的遷徙與文化技藝頻繁的交流，掐絲琺瑯的製作技巧隨著西方藝人的東來而傳入我國。

（一）中國與東歐及中亞地區的交往及貿易

西元一六六年，也就是東漢桓帝延熹九年，大秦王安敦遣使自日南徼外獻象牙等物（註60），此後便有大

註51：《大汶口新石器時代墓葬發掘報告》，北京文物出版社1974，章6頁99骨指環(22：10)嵌三塊綠松石；頁101嵌綠松石骨雕筒(4：10)。

註52：《中國美術全集》工藝美術10，臺北 錦繡出版社1989，頁17。

註53：高至喜＜論我國春秋戰國的玻璃及有關的問題＞測定玻璃的成份，確定鑲嵌的玻璃是屬鉀鈣玻璃，可能是由外國輸入，我國自製的玻璃應為鉛鋇玻璃。《文物》，1985/12，頁64。

註54：同上註文，4.起源與產地　頁60。

註55：張臨生＜玻璃工藝面面觀＞，《故宮文物月刊》，臺北國立故宮博物院1988/1，卷5期10　總期58頁15。

註56：劉萬航＜中國景泰藍的源流－兼談製作技術＞，《故宮文物月刊》1983/6，卷1期3頁81。
按：有關西元前西方掐絲琺瑯的發展史詳見該文。

註57：張臨生＜我國明代早期的掐絲琺瑯工藝＞，《東吳大學中國藝術史集》，臺北 東吳大學1987，卷15頁266。
按：有關西元三至六世紀西方掐絲琺瑯的發展史詳見該文。

註58：同上註。

註59：顧文薦《負喧雜錄》「白光玻璃」，陶宗儀《說郛》，臺北新興書局1972，卷18頁9總頁329。

註60：范曄撰《後漢書》「西域」卷118（列傳78）頁13。《景印文淵閣四庫全書》冊253頁692。

秦商人不斷東來中國的記錄（註61）。大秦者已詳述於前文，就是隋唐時期所稱的拂菻，元明時的佛郎、拂郎，也就是說，我國與琺瑯產地的羅馬帝國商人自二世紀以來經常有貿易交往。

宋元時期我國與中東地區貿易往來的港口頗多，例如廣州、福州、上海、杭州以及泉州等，今以泉州為例來探討我國與外國商旅交往概況。泉州港自唐代以來即是海上交通重要門戶，以民夷番商雜處著稱，前來經商遊歷及傳教之人數以萬計，其中亞非各國人中，以阿拉伯和波斯人為最多（註62），北宋王朝在泉州設立市舶司處理外商事務，南宋朝廷尚因大食商人囉辛販入巨額海外寶貨，補以承信郎之官職予以獎勵（註63），同時南宋偏安江南，泉州靠近海外奇珍奢侈品消費中心的京城臨安，舶運番貨的進口更加繁盛，從《宋史》中得知大食人進貢方物之頻繁記錄看來（註64），南宋末年的顧文薦聲稱他得到一件當時不知為何物的琺瑯瓶實不足為奇。

元代海上絲路船舶往來盛極一時，泉州為元代對外貿易最主要的港口，其主要航線有東海及南海兩條，東海航線可通朝鮮、日本，南海航線直達現今的東南、西亞各國以及東非沿岸（註65）。元代的商人中有漢人、蒙古人、契丹、女真和西域人，西域人時稱色目人，包括中亞、西亞和歐洲人等，而蒙古人崇尚宗教，教徒經商者頗多，其中以回教徒最多，他們雜居內地，把持商業霸權，並受政府的優待，買賣珠寶等奢侈品（註66），元人更為了招攬外商來華貿易，不僅授予回回人後裔蒲壽庚行省中書左丞要職，更採取「其往來互市，各從所需」的鼓勵政策（註67）；而對國內從事海外貿易的商人亦予以「所在州縣并與除免雜役」的優待（註68）。蒙元帝國的疆域跨越亞歐兩洲，朝廷與它藩屬四大汗國間聯繫密切，因此除了海上的交通之外，元代與彼地陸路交通也頗頻繁，例如義大利人馬哥波羅東來，由君士坦丁堡出發，經過巴力（勒）斯坦、西里西亞、

註61：陳瑞德等《海上絲綢之路的友好使者》西洋篇，北京 海洋出版社 1991，章5頁48。
註62：《泉州港與古代海外交通》，北京文物出版社 1980，頁71-73。
註63：《宋史》，食貨下、七「香」，卷185頁32。《景印文淵閣四庫全書》冊283頁446。
註64：（一）宋太祖建隆二年(961)占城貢大食瓶等。
《宋史》列傳248頁4。《景印文淵閣四庫全書》冊288頁809。
（二）太宗雍熙元年(984)、淳化四年(993)、至道元年(995)大食獻琉璃器、眼藥、砂糖、白龍腦……等
《宋史》列傳249頁21-22。《景印文淵閣四庫全書》冊288頁831-2。
（三）真宗大中祥符四年(1011)大食又進獻碧白玻璃酒器等夥多方物。
《宋史》列傳249頁23。《景印文淵閣四庫全書》冊288頁833。
註65：同61註書，章5頁48。
註66：童書業《中國手工業商業發展史》，山東齊魯書社出版 1981，篇6頁207-208。
註67：《泉州港與古代海外交通》「宋元泉州港繁榮的原因」，北京 文物出版社 1980，頁70。
註68：引《元典章》「戶部·市舶·市舶法則」（光緒版）卷22。同上註書，頁70。

阿（亞）美尼亞、美述（索）不達米亞到波斯，再由波斯沙漠北行，越過帕米爾高原到新疆進入中國，馬哥波羅是一商人，此一路線必然也是當時的商道（註69）。在這種海陸交通順暢，商旅暨他們攜帶的番貨東來不絕的情況下，佛郎嵌、大食瓶這類新奇舶貨的輸入，自然更是捷便的事。

（二）掐絲琺瑯技術的輸入

1.元代

　　蒙古人重視工匠，搜虜被統治地區的工匠並廣設工場來發展元代的手工業，西元一二一九年成吉思汗率軍攻擊大食國 (Tazi)，每每攻下一城，往往僅保住工匠，餘盡殲滅，並分遣工匠於諸隊（註70）、或賞其諸子諸妻諸將（註71）、或召赴蒙古營中工作（註72）、或遣送蒙古（註73），這些回回工匠，若有憚懼遠謫而不從者，都難逃一死（註74）。宋·彭大雅《黑韃事略》徐霆註釋稱：「韃人始初草昧，百工之事無一而有，其國除孳畜外，更何所產。……後來滅回回，始有物產，始有工匠，始有器械，蓋回回百工技藝極精，攻城之具尤精，後滅虜金，百工之事，于是大備」（註75）。歷史上第一個抵達地中海東岸的唐代旅行家杜環，在記錄他旅途見聞的《經行記》中，就描述拂菻人「多工巧，善織絡」，又稱讚其與琺瑯有關的玻璃工藝「玻璃妙者，天下莫比」（註76）。而元代的工匠，多來自「技藝極精」的回回，回回就是當時極負製作掐絲琺瑯盛名的阿拉伯地區的回教徒民族（註77），因此工匠中自然不乏製作掐絲琺瑯技藝的高手。史載蒙人合贊(1271-1306)，在元代成宗時期冊封為伊兒汗國中統治波斯一帶的呼羅珊汗，合贊除精通其蒙古母語之外，亦略悉阿拉壁(伯)、波斯、印度、迦葉彌兒、土番、中國、富浪等國語文，凡百工技藝，若鐵工、木工、畫工及鎔鑄工等，皆親手為之，製品尤較工匠為佳，又習知化學及一切較難藝術，如製作琺瑯、解化滑石、熔解水晶及凝縮、昇華之術（註78）；在此不但可知琺瑯工藝在十三世紀後期是

註69：同註66書，篇6頁195。

註70：攻取別納客式「分工匠於諸隊集聚丁壯役以攻城」見《多桑蒙古史》，多桑著馮承鈞譯萬有文庫薈要，臺灣商務印書館1965，頁102。

註71：1220年攻取撒麻耳干「取工匠三萬人，分賞其諸子諸妻諸將」，同上註書，頁107。

註72：1221年攻取馬魯城「錄工匠四百人，悉召赴蒙古營……惟工匠四百及童男女若干得免死為奴，餘盡被殺」。同上註書，頁122。

註73：1222年攻取哥疾寧城「除工匠免悉送蒙古外，餘盡屠之」。同上註書，頁130。

註74：1220年攻取花剌子模「令技施工匠別聚一所，其從之者遣送蒙古，皆得免死，有不少匠人憚遠謫，以為居民可免死，因混處其中而不出，蒙古兵居民分配諸隊間，以刀鍬矢盡屠之」。同上註書，頁117。

註75：彭大雅撰《黑韃事略》，徐霆注，明錫山姚咨手抄本，卷1冊1頁27。

註76：(一)《經行記》頁54。《中國西北文獻叢書》，蘭州古籍出版社1990，輯3卷31頁239。
(二)稱讚其與琺瑯有關的玻璃工藝也可參見唐·杜佑《通典》「邊防9-大食」，臺北新興書局1963，卷193頁1044。

註77：岑仲勉《中外史地考證》「回回一詞之語原」引：
(1)《西遼史譯註》：此回回國王即花剌子模王，元代對花剌子模，普通都稱回回國。岑氏云《元史》有西域國，乃指花剌子模，即唐代之貨利習彌。
(2)《四夷館考》：回回在西域，地與天方國鄰，其先即默德那國王謨罕驀德……。
(3)《殊域周咨錄》：默德那即回回祖國也，其地接天方……按回回祖國，史正綱以為大食。
香港太平書局1966，下冊 頁432-434。

註78：《多桑蒙古史》，臺灣商務印書館1965，卷6章8頁121-122。

明清琺瑯工藝　15

屬「較難之藝術」，同時由高居可汗之尊的合贊也研習琺瑯製作技藝的事實，凸顯此項技藝已獲元人的重視。此外，當西元一三四二年（元至正二年）印度摩哈美德王派使節攜國書及禮物來中國朝見順帝時，禮物中也有「飾藍琺瑯之金銀燭臺」（註79），雖然這種飾有琺瑯的金銀燭臺，就現在世界各地公私立博物館收藏文物看來，很可能是產自歐洲里摩吉(Limoges)一帶的內填琺瑯（註80），但由這些記載，更可確定蒙古宮廷中使用或收藏的器物中，是不乏琺瑯器皿。

2.明代

掐絲琺瑯器皿至遲於南宋已出現在中國境內，至於製作技法傳入的時間，雖然無法確知，但由上述資料顯示，應該是在元代後期。到了明初，掐絲琺瑯已經被某階層的人士使用，洪武二十一年《格古要論》「大食窯」條已經紀錄掐絲琺瑯的製法：「以銅作身，用藥燒成五色花者……」，並將「嘗見香爐、花瓶、盒兒、盞子之類」器皿評論為「但可婦人閨閣之中用，非士大夫文房清玩也」。天順三年刊行的《增補格古要論》中更提到當時京城的琺瑯工匠來自雲南，而且評讚宮中御用監所製的琺瑯「細潤可愛」。

西元一二五二年，忽必烈奉命經略雲南，次年收附南詔國都大理，一二五四年忽必烈留兀良合台繼續征服南方諸地（註81）；一二六三年立五子忽哥赤為雲南王，以阿母河、花拉子模的回人降民分賜百官，一二八五年又曾移回民一千戶入滇充實邊塞（註82）。在馬可波羅遊歷的文字中，也曾提到押赤（Jaci 昆明）「商工甚眾，人有數種，有回教徒、偶像教徒……」（註83），這些被蒙古人西征擄來的降民，幾乎都是工匠，其中自然不乏琺瑯工藝匠人。

雲南的琺瑯藝匠至京城謀生，帶動琺瑯工藝的興盛，應與元朝以來就有漆器「滇工布滿內府，今御用監供用庫諸役皆其子孫也」的情況相同（註84）。《明史》記載七下南洋的三寶太監，遠祖可能為阿拉伯人或新疆

註79：李則芬《元史新講》「阿拉伯人非洲人的東遊記」，臺北 中華書局1978，冊5 章34節3 頁346。

註80：《Enamels of Limoges 1100-1350》New York，The Metropolitan Museum of Art 1995 頁146-147 頁156-157 頁379。

註81：《多桑蒙古史》，冊1卷2章7頁283。

註82：（一）張臨生＜我國明代早期的掐絲琺瑯工藝＞，《東吳大學中國藝術史集》，卷15頁278。
（二）《元史》「地理志」卷61。
（三）《元史》「憲宗本紀」卷3。
（四）《元史》「本紀」卷3、4。

註83：馮承鈞譯 沙海昂注《馬可波羅行紀》「哈剌章州」，臺北 商務印書館1962，頁459。

註84：沈德符《萬曆野獲編》「雲南雕漆」，卷26頁662。《筆記小說大觀》，臺北新興書局1977，15編 冊6 總頁3840。

畏吾爾國的回教徒，隨忽必烈征服大理，而後定居在雲南（註85）；鄭和生於洪武四年，明軍攻佔雲南，被虜回南京，閹為內監後跟隨燕王朱棣，也就是後來的明成祖，永樂二年提拔為內官監太監，後來擢升至內官監首領。內官監為宮內十二監之一，職掌宮室陵寢之建築和宮廷用品之鑄造與購置等（註86），由於他職掌所需，加之永樂皇帝的愛好極為龐雜，就以當時所編纂的《永樂大典》為例，除了包羅經史子集百家之學以外，廣及天文地志陰陽醫卜技藝亦備輯不缺便是一例（註87），鄭和為了投其所好，引薦雲南製作琺瑯的高手進宮獻技是極有可能的。

十五世紀中期前後的琺瑯工藝盛興，尤其是景泰琺瑯傲視古今的原因，除了承繼永樂朝「宇內富庶，賦入盈羨」（註88），緊接的仁宣之世，被史家喻之為周代之成康、漢代之文景，是明代的太平極盛之世（註89）。宣宗(1426-1436)頗善詩文，畫以山水花鳥見長，但個性卻多欲而貪圖逸樂，不僅令宦官搜羅珍奇玩好（註90），宮中作房可能因此投其喜好，製作新奇的御用器皿（註91）；景帝(1450-1456)愛好書畫藝術，生性奢侈浪費著名，其對伊斯蘭教信士禮遇備極，可從天順元年詔廢景帝的文中：「……信任奸回，居妖妓，禮胡僧，濫賞妄費……」得知一二（註92），極可能因此而對來自伊斯蘭地區的琺瑯工藝特別的重視，加上五彩繽紛的縟麗色調深合其品味，而令內府御用監傾力研製，使琺瑯工藝臻於鼎盛。

三・明代的掐絲琺瑯

在談及主題之前，應先瀏覽明代官用工匠制度以及中晚期手工藝作業的概貌。古來工匠技藝精湛者，常被徵調入宮服役獻技，在官府提供雄厚的財力和物力情況下，於工藝水準的提昇是無可置疑。明代供役工匠有輪班及住坐之分，輪班隸屬工部，住坐歸內府內官監（註93）。由於輪班的各地的工匠必需輪流赴京服役，疲於奔命，其中一年一班者，更是不僅奔走道路，而且盤費

註85：黎東方《細說明朝》，臺北傳記文學社 1970，冊1頁208。

註86：《海上絲綢之路的友好使者》西洋篇「鄭和的身世」，北京 海洋出版社 1991，章9 頁99-100。

註87：朱鴻<朱棣─身兼"祖"與"宗"的皇帝> 二. 朱棣的癲癇人格特質，《鴻禧文物》，臺北鴻禧美術館 1996，頁147。

註88：《明史》食貨二 賦役，卷78頁4。《景印文淵閣四庫全書》冊298頁235。

註89：陳捷先《明清史》，臺北三民書局 1990，章1節2頁37。

註90：李廣廉<明宣宗及其朝政>，《明朝十六帝》，北京紫禁城出版社 1992，頁114。

註91：明代宮廷生活，宣德以後漸趨奢靡。宣宗死後，釋歸教坊樂工3800餘人，遣回宣德初取來朝鮮婦女53人，放還添財庫夫役2640餘人，又減廚役6400餘人……。《萬曆野獲編》卷1頁15，同註84書，總頁3193。

註92：(一)馬明道<明室皇家信仰之新考據─伊斯蘭教對中華之影響>，臺北中國文化大學出版部 1982，頁5。
(二)談遷《國榷》，臺北鼎文書局 1982，卷32頁2029。

註93：《明會典》「工部」卷154 八 頁7-8。《景印文淵閣四庫全書》冊618頁526-7。

罄竭，導致匠戶紛紛逃亡（註94），其中鑄造琺瑯胎的鑄匠及與釉藥相關的琉璃匠都屬一年一班制者（註95）。景泰五年，朝廷下令輪班工匠俱改為四年一班（註96），平均每年需服役二十二天左右，而住坐工匠按規定每月需服役十天（註97）。在這種制度下的明代工藝，內廷與民間的琺瑯技藝是相互交流的。

成化末年開始實行以銀代役之工匠制度，促使生產力及生產關係快速發展，加上官府雇募工匠制度的推廣，都是導致明中後期資本主義生產萌芽的因素（註98）。又因王陽明(1472-1528)倡「四民異業而同道」之說，工人意識上揚，加速官匠制度解體，巧匠與文人（擅長詩文書畫）共同謀食於縉紳商賈之間（註99），此對於手工業產品質與量的提昇不無助益。今就瓷器而言，《江西通志》云：「浮梁之俗，……富則為商，巧則為工」，工商結合，能使景德鎮成為一個新興的手工業都市（註100），由於民窯作業興旺，嘉靖以後，官窯瓷器的燒造，採有官搭民燒的辦法（註101），從萬曆開始，民窯生產青花瓷器的質與量都很驚人，同時民窯中猶如周丹泉等工藝家在仿古方面有很大的成就（註102）。至於琺瑯工藝，雖然沒有直接的資料可稽，但從製作琺瑯必需的銅產銷來看，萬曆年間郝敬云「二百餘年來，錢法不修，天下廢銅在民間為供具什器者，不知幾千萬億，其處于各處名山者，豪姓大賈負販以擅厚利，又不知幾千萬億……」；又云「今雲南、陝西、四川、廣東各省有銅礦，為奸商專擅或封閉未開，為土人竊發……」，由此可見明代晚期民營銅礦業興盛，並且已經壓到官營銅礦業（註103）；今從傳世頗多落景泰款而具明後期風格的琺瑯文物，應該是資本主義抬頭、仿古風氣興盛的狀況下，民間作坊為供應市場需求而做的產物。

（一）景泰年間的掐絲琺瑯

明代景泰年間掐絲琺瑯的品質，最早披露在王佐《增補格古要論》「大食窯」條中：「內府作者，細潤可

註94：＜明英宗實錄＞卷153頁6。《明實錄》，臺北中央研究院歷史研究所1966，冊29總頁3003。

註95：《明會典》「工部」卷154 八 頁12「三年一班：熟銅匠一千二百名。二年一班：捲胎匠一百九名。一年一班：鑄匠一千六十名……琉璃匠一千七百一十四名……」。《景印文淵閣四庫全書》，冊618頁529。

註96：《明會典》「工部」卷154 八 頁14。《景印文淵閣四庫全書》冊618頁530。

註97：《明會典》「工部」卷154 八 頁10。

註98：童書業《中國手工業商業發展史》，山東齊魯書社出版1981，頁217-218。

註99：蔡玫芬《文房聚英》「新工藝興起巧匠以藝博名」，京都 同朋社1992，四‧明代 頁132-133。

註100：《江西通志》，卷26頁27。《景印文淵閣四庫全書》，冊513頁843。

註101：《中國陶瓷史》「瓷業中心景德鎮和御器廠」，北京文物出版社1982，章9 節1頁363。

註102：馮先銘《中國陶器》「明代景德鎮瓷器概說」，上海古籍出版社1994，章2 節10 頁526-528。

註103：《中國手工業商業發展史》，篇7 節2 頁240-241。

愛」。《增補格古要論》於景泰七年成書，作者個性「勤慎著聞，朝廷推恩……」（註104），因此書中記錄當朝的事蹟，應是無可置疑的。 同時這則記載，也說明了至遲於景泰時期，掐絲琺瑯顯然已是皇室御用的工藝品了。明末清初孫承澤《春明夢餘錄》中稱「……若奇珍異寶進入尚方者，咸於內市萃之，至內造如宣德之銅器、成化之窯器、永樂果園廠之髹器、景泰御前作房之琺瑯，精巧遠邁前古，四方好事者亦於內市重價購之」（註105）；因此晚明的金嗣孫〈崇禎宮詞〉中吟有「賜來穀雨新茶白，景泰盤承宣德甌」的詩句（註106）。此外，雖然高濂於萬曆十九年成書的《遵生八牋》「燕閒清賞箋」中將之評為「窯之至下者」（註107）；文震亨(1585-1645)《長物志》中談到選用典雅的標軸時，也認為「……不可用紫檀花梨法藍諸俗」（註108）。不論這些正負面的文字著錄，都證實曾被譏評為「但可婦人閨閣之中用，非士大夫文房清玩也」的琺瑯器皿，到了晚明，已被時人接納而普遍應用，雖然仍不為一些儒雅人士視之雅器，但是確已引起藝文及四方好事者的重視，成為縉紳商賈附庸風雅的珍品；從嘉靖朝權臣嚴嵩家中抄沒的金銀珠寶名畫珍奇異寶之中，也有如此大量的法藍器皿便是一例。同時自十六世紀開始，一直到乾隆中期，內廷不但製作仿景泰時期或落景泰偽款之器始終陸續不絕，同時還有將器物原有的景泰年款起下，再照原款的字樣改用刻款等方式處理（註109），現在不僅發現景泰年款的式樣多達三十種以上（註110），就是拼湊組合的景泰款器皿也屢見不鮮（註111）（插圖2），這種現象，除了說明景泰琺瑯在當時的確是聲名大噪，深獲人們的喜愛外，也證明了前述民間作坊興盛的事實。

（二）明代掐絲琺瑯風格的演變

從上文資料顯示，南宋時期已見琺瑯器皿流傳我國，元代也有封疆可汗具備製作琺瑯的技巧，雖然明初掐絲琺瑯工藝已逐漸被朝廷重視，但是真正引起文人注意與仕宦商賈珍藏，已經是明代晚期的事了；因此，不

註104：同註57文，頁277。
註105：孫承澤《春明夢餘錄》，卷6頁74。《景印文淵閣四庫全書》，冊868頁76。
註106：姚之駰《元明事類鈔》「景泰盤」，卷30頁32。《景印文淵閣四庫全書》，冊884頁496。
註107：「大食窯銅身用藥料燒成五色，有香爐花瓶盒子之類，窯之至下者也」。高濂《遵生八牋》〈燕閒清賞箋〉「論諸品窯器－大食窯」。黃賓虹、鄧實編《美術叢書》，神州國光社1947，冊15集3編10頁161 。
註108：文震亨《長物志》「標軸」卷5。《美術叢書》，冊15集3 編9頁176。
註109：（一）院藏的「景泰款掐絲琺瑯七孔花插」便是十五世紀末十六世紀初之文物。
（二）根據〈造辦處各作成做活計清檔〉
(1)雍正4/1/7日，員外郎海望持出景泰琺瑯馬掛小瓶一件，雍正命造辦處「照此瓶大小款式燒造琺瑯幾件」。至雍正六年五月初四止，僅仿製得一件
(2)雍正5/9/20 傳旨琺瑯作按照景泰年製螭虎掐絲琺瑯瓶的款式燒造一件，六年五月初四完成。
(3)雍正5/12/30 日燒成掐絲琺瑯骨盤。
(4)雍正6/5/6琺瑯作奉旨照雍正六年五月初四仿製成的螭虎掐絲琺瑯瓶，收小或高二、三寸至四、五寸做幾件，分別於當年八月十四做得一對，十月二十八做得大小二對，十二月二十八日做得大小二對，當年前後共做大小共製十一件。
(5)乾隆20/10/13 仿製掐絲琺瑯美人觚。評定為「乾清宮時做上等」。
(6)乾隆25/11/6 太監胡世杰傳旨命琺瑯作做掐絲琺瑯瓶兩件，一件刻大明景泰年製款，一件刻大清乾隆年製。
(7)乾隆25/11/9 又傳旨照澤藍堂冬青釉雙魚耳扁方瓶放高三寸司三分做掐絲琺瑯瓶一件，刻大明景泰年製款。
(8)乾隆25/11/13 又傳旨照玉著草瓶高矮大小，做景泰掐絲琺瑯美人觚一件；再照瓷梅瓶樣長高一寸，做景泰琺瑯梅瓶一件。
(9)乾隆31/1/23 傳旨著做景泰款房仿古文雅款式掐絲琺瑯陳設一套，內青綠瓶一件，刻景泰陽文款，其餘三件刻乾隆陽文款。
(10)乾隆32/2/4 太監胡世杰傳旨多寶格內著做仿古樣款琺瑯瓶一件，寶瓶一件，罐一件，俱要大明景泰陽文款。
(11)乾隆39/2/5 太監胡世杰下交琺瑯作掐絲琺瑯飛脊尊一件，在其底板上貼景泰年製款本文，隨木座上刻二等，還有掐絲琺瑯花觚一件……并傳弘曆旨：琺瑯尊照現貼本文刻陰字年款，花觚配底板亦刻景年製款，要陽文字，兩件木座俱改刻頭等。

插圖2 明 景泰款掐絲琺瑯拼湊器

插圖3 明 宣德 青花纏枝番蓮紋合碗

(12)乾隆42/12/24太監勒里交琺瑯作大明景泰掐絲琺瑯圓洗一件(隨紫檀木座)，傳旨將洗上款識起下呈覽 25日將掐絲琺瑯圓洗一件及底足起下的"大明景泰年製"款持進呈覽，奉旨照起下的年款在足上刻陰文六字款。

28日將掐絲琺瑯圓洗一件，照起下年款底內鈎得"大明景泰年製"款樣，呈覽。弘曆降旨照樣准刻，並將刻款底足內鍍金，其外面周圍不必鍍飾。

乾隆43年正月員外郎四德、五德將足底上刻得"大明景泰年製"款的掐絲琺瑯圓洗一件持進呈覽，弘曆將年款加鍍金一遍，后因技術上困難不得不通體鍍飾，于26日完成。

以上資料錄自 楊伯達<景泰掐絲琺瑯的真相>，《故宮博物院院刊》，1981/2，頁18-20

註110：楊伯達<景泰掐絲琺瑯的真相>文內共收集有三十二種景泰款式。《故宮博物院院刊》，1981/2，頁3-4。

註111：（一）同上註文，頁13-15 燒配型、拼配型、修配型、補配型等。

僅真正早期的器物傳世不多，即便在近年諸多元明墓葬出土的文物中，也始終未見可作為斷代準則的掐絲琺瑯器皿。幸好類別不同的工藝品，雖然各具其工藝美術特色，但是大體上都有其共同的時代特徵；何況琺瑯與瓷器工藝在發展的過程中，又發生有諸多相同的現象，例如景泰款器皿的風格多樣化，可由瓷器領域的「明代仿古之風，成化時首開先例，嘉靖時更有發展……萬曆時崇古之風更甚……」（註112）的現象來解釋；即便是後來的清代，康熙中期琺瑯彩瓷與畫琺瑯幾乎同時研製成功（註113），而琺瑯製作於乾隆五十四年在宮中遭到精裁， 即見嘉慶朝停燒琺瑯彩瓷（註114）等事例，使我們在探討明代掐絲琺風格的演變時，是可以放心的去參考元明以來時代風格明確的瓷器，或者漆器、織繡等文物，一方面將其與瓷、漆器等的形制、紋飾與款式排比，找出無款及落偽款器的真實製造年代，再從琺瑯器本身的製作技術與裝飾方式等特色，整理出明代掐絲琺瑯器風格演變的輪廓。

1.十五世紀中期前後掐絲琺瑯器特色

(1) 纏枝、轉枝 及折枝番蓮紋及蓮瓣紋為當時最主要的裝飾紋樣，如同瓷器工藝（插圖3）。

(2) 這時期的番蓮花瓣豐滿而瓣尖短，花心形狀並不固定，有呈桃形、如意雲頭形或海石榴形（三叉式）（圖版2）等，花心由向上的花瓣二至 三片緊緊地包住；轉枝上有桃形、或侈口杯形的花蕾；葉片具形，形狀與大小不規則，也不對生；葉的大小在比例上較後期為大 ；纏枝與卷鬚大多數由單根掐絲表現，與乾隆朝幾乎均用雙鈎的表現方式不同（圖版33）。

(3) 落款的方式，目前以陰刻六字楷書，自右至左一橫排列最為可靠；落款的位置則在口沿、器底內、外等處，也就是同時期的瓷器、漆器上慣見的落款方式（註115）（插圖4）。

插圖 5A
景泰　掐絲琺瑯番蓮紋盒局部 X 光攝影片

插圖 5B
萬曆　掐絲琺瑯雙龍盤局部 X 光攝影片

插圖 4　明 成化　黃地青花花果盤

(4) 根據 X 光透射，發現這時期的掐絲較扁（即高出胎面較多），釉層較厚（插圖 5）。

　　從以上的特徵過濾出這時期的器物之後，又可整理出這時期琺瑯器共同的特色有以下各點：

(5) 沒有錦地。

(6) 沒有混合色，然在一葉片內往往施兩、三種顏色。

(7) 器型尚不出《格古要論》中所載的「香爐、盒兒、盞子、花瓶之類」。大英博物館與瑞士烏氏（Die Sammlung Pierre Uldry）收藏的宣德款雲龍紋大罐若非後期仿品，是屬唯一的例外（註 116）。

(8) 掐絲粗細不勻，掐絲末端以隱藏的方式處理（圖版 1）。

(9) 胎體與十六世紀後期者比較，明顯地較為厚重。

2. 十五世紀晚期至十六世紀初期

（二）本院收藏品中也有明顯的例子：
1. 明景泰款掐絲琺瑯三環尊　院 2437 故琺 405
2. 明掐絲琺瑯鳳耳銜環尊中 1188 中琺 2

註 112：耿寶昌《明清瓷器鑑定》，北京 紫禁城出版社 1993，章 6 節 1 頁 124。

註 113：（一）琺瑯彩瓷「在康熙帝授意下，於三十五年首先創燒成功……」。同上註書，章 8 節 2 頁 215。
（二）見釋名：畫琺瑯至遲於康熙三十年試燒成功。

註 114：同註 112 書，章 11 節 1 頁 297。

註 115：參考器物：
（一）《景德鎮珠山出土永樂宣德官窯瓷器展覽》圖 48、49、61、78、87、88、93 等，香港市政局 1989。
（二）汪慶正《青花釉裏紅》圖 139，上海博物館／兩木出版社 1987。
（三）《景德鎮出土明初官窯瓷器》圖 133、134、135、136、137 等，臺北鴻禧美術館 1996。
（四）《景德鎮出土陶瓷》圖 224，香港大學馮平山博物館 1992。
（五）《世界陶瓷全集》14 明，圖 1、20、21、25、30 等，東京小學館 1976。
（六）《明宣德瓷器特展目錄》版圖 14、20、25、24、76，臺北國立故宮博物院 1980。
（七）《漆》圖 6、7、8、9、10、11、12、15、16、17、18 等，臺北國立故宮博物院 1981。

註 116：筆者於觀察該罐後，對其真實性提出的幾點置疑：
（一）明代宮廷藝品中，雖曾見過宗教畫上落有「御用監 xxx 奉命校督監造」款，然在瓷、漆和金屬等器物及織品上，未曾見過類同此落「御用監造」款樣者。
（二）曹昭於洪武 21 年《格古要論》中尚稱：「嘗見香爐、花瓶、盒兒、盞子之類，但可婦人閨閣之中用，非士大夫文房清玩也」。然以宣德蓋罐之大，並以龍紋裝飾，可為殿堂之器，或禮器，實非婦人閨閣用器。而且天順三年《新增格古要論》也

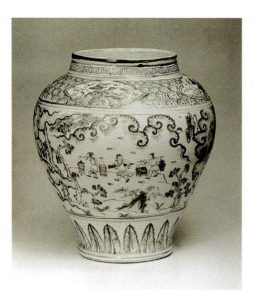

插圖6 十五世紀中期 青花攜琴訪友圖罐

插圖7 早期混合的琺瑯色釉放大圖片

僅稱琺瑯器「內府製作，細潤可愛」，以當時人們對琺瑯器的觀念，似乎宮廷不會製作如此巨大的雲龍紋蓋罐。

（三）掐絲鏽蝕，器型巨大是十六世紀後期琺瑯器的特色。

（四）釉中出現十六世紀慣見的紫藍和茄皮紫等色。

（五）根據院藏風格明確的「萬曆掐絲琺瑯雙龍盤」，倫敦維多利亞博物館收藏同型同款的大盤，大英博物館收藏類同的大盤，以及一些明顯具有十六世紀末十七世紀文物特徵的掐絲琺瑯，是採用掐絲的方式落款外，僅乾隆朝有用掐絲方式落款的文物。

（六）從諸多落景泰款偽器推測，該器是否有可能是嘉萬年間仿宣德瓷而做？

註117：參考（一）汪慶正《青花釉裏紅》圖144、145、152、156等。上海博物館／雨木出版社1987。
（二）耿寶昌《明清瓷器鑑定》圖142、143、144、146、152、153、163、206等。北京紫禁城出版社1993。

註118：（一）《中國文明史》，明代（中冊），臺北地球出版社1995，章12（王室與道教）

(1) 十五世紀後期及十六世紀初期的青花瓷器，在描繪人物景致的紋飾中，出現的雲紋頗為特殊，其佈列的空間幾乎是低垂至地面（註117）（插圖6），似是在填充繪畫中留白的空間；在琺瑯器皿中也出現一種類似上述不規則、不封閉的雲紋錦地（圖版3）。這應該是一種具有時代特色的工藝裝飾方式。

(2) 卷鬚的錦地應是從同時期瓷器上的葡萄紋有關，起初是很自然地從葡萄的莖部伸出，後來逐漸成為填飾主紋之外空間的錦地（圖版4）。

(3) 出現混合色，就是用白色琺瑯釉來調淡顏色，由於白釉和色釉粒子過大，二者無法充份混合（插圖7），形成可以由肉眼察覺的兩種粒子摻合在一起，最初有白中雜紅粒子所成似粉紅色、白中雜綠形成似淺綠色，後來又有黃綠混合粒子形成的黃綠色等。

(4) 掐絲末端，有的已開始以不隱藏或有向內捲曲方式處理（圖版3）。

3.十六世紀中期前後

嘉靖皇帝(1522-1566)信奉道教，尤其迷戀方術齋醮（註118），因此含道教意味的紋飾、祈福的吉祥紋飾與文字，例如松樹、桃佛手石榴等三多、五老、神仙、鶴、瑞草、及壽、春、天下太平等文字，特別明顯地表現在瓷器、漆器、織品中（註119）。雖然目前落有嘉靖款之琺瑯器僅有現在收藏在北平故宮博物院的掐絲琺瑯龍紋盤，及瑞士烏氏收藏的龍紋盤、鳳紋碗等少數幾件，但就當時宗教信仰和工藝風格，表現在琺瑯工藝上，應與瓷器和漆器相去不遠。這時期的琺瑯特色如下：

(1) 一朵番蓮花中的花瓣增多，花心下方的三片花瓣鬆開不緊包，最下層花瓣下垂，番蓮花瓣瘦而瓣尖帶鉤，葉片逐漸變小或成為逗點，並且幾乎對生；每片花瓣掐絲的末端，以不隱藏並捲成一小圓圈處理

（圖版7、8）。

(2) 有些琺瑯釉例如褐釉、綠釉等成半透明狀（圖版6、7、8），比前後期的釉色都要透而亮麗（插圖8）；此與北平故宮收藏的嘉靖掐絲龍紋琺瑯盤所具「色調凝重，深藍、深綠二色呈半透明」（註120）相符。

(3) 掐絲粗細較早期均勻，但高度降低（即釉的厚度較早期薄）。

(4) 雲紋錦地普遍地應用。

4.十六世紀晚期至十七世紀前期

(1) 從嘉靖朝開始，大件瓷器燒製日盛（註121），萬曆時期的瓷器盤子和本院典藏的萬曆款掐絲琺瑯龍紋盤看來，這時期的確有較多的大型琺瑯器存在。器胎輕薄、掐絲鍍金品質不佳，但是掐絲寬窄漸趨均勻；琺瑯顏色豐富，而且混和色種類多，除了以前所見的之外，尚有紅與綠、紅與黃、白與黃 白與藍。釉的明亮度一般不及前期，但釉色變化多而豔麗，猶如萬曆朝彩瓷一般。

(2) 番蓮花心明確地分成上下兩個桃形，並在花心上可見如意雲頭紋或圭形伸出，或許與嘉萬時期的瓷、漆器中常見的圭形壽山福海紋有關。轉枝番蓮紋呈規則的橫S形旋轉，花瓣尖端變成很細長，葉片小而整齊或呈逗點式對生排列（圖版17、18）

(3) 龍紋的背脊由早期的鋸齒狀，逐漸變成連珠狀，或於連續的珠紋中間一鋸齒，尤其是萬曆的龍紋，幾乎都是每三個連珠間一個鋸齒，而且龍的下顎往往有一排略呈三角形的短鬚，龍眉則成「山」字形（註122）（圖版11）。

(4) 由雲紋錦演變而來的草莓紋錦成熟（圖版11、19）。

(5) 豆綠色釉者出現在十六世紀末十七世紀初期。

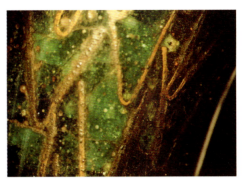

插圖8 十六世紀中期前後透明釉放大圖片

頁1021。
（二）「世宗好神仙……所以煉白金器百餘因郭勛以進，云以盛飲食物，供齋醮，……」「時世宗享國日久，不視朝，身居西苑，專意齋醮……」《道教史資料》明世宗，上海古籍出版社1988，頁369-370、373。

註119：（一）〈Possessing the Past〉New York, The Matropoliton Museum of Art, National Palace Museum.Taipei ,Harry N.Abrams.Inc. 1996。
參見圖243 明嘉靖青花花果壽字瓶，圖244 明嘉靖青花四靈獸耳環瓶，圖246 明萬曆青花雲龍八卦爐圖247 明萬曆五彩三星花卉盤等。
（二）《故宮明瓷圖錄》嘉靖窯 隆慶窯 萬曆窯，臺北 國立故宮博物院1978。圖6 嘉靖窯 青花雲鶴八卦葫蘆瓶、圖10 嘉靖窯青花靈芝八寶碗圖16 嘉靖窯 青花三洋開泰仰鍾式碗
（三）《漆》臺北國立故宮博物院1981。
參見圖36明嘉靖剔彩雲龍捧盤圖37明嘉靖剔彩春壽寶盤圖40明 萬曆剔彩雙龍戲珠長方盤等
（四）《錦繡羅衣巧天工》 香港藝術館1995。頁283刺繡萬壽宜官補子一對
（五）《福壽康寧》 臺北國立故宮博物院1995。
參見圖1明嘉靖五彩靈芝八寶盤圖2明嘉靖嬌黃綠彩花果壽字碟圖3明嘉靖嬌黃綠彩靈芝碟圖6明嘉靖五彩靈芝壽字碗圖63明嘉靖青花雲鶴壽字蓋罐圖63明嘉靖青花雲鶴八卦瓶

註120：楊伯達〈景泰藍〉，《文物》1981/1，頁85。

註121：耿寶昌《明清瓷器鑑定》，北京紫禁城出版社1993，章6節1頁137。

註122：（一）參見展品圖版11「萬曆款掐絲琺瑯龍紋盤」
（二）《錦繡羅衣巧天工》，香港藝術館1995。

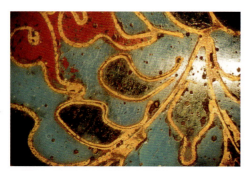

插圖9 掐絲分裂的放大圖片

(6) 拐子龍紋飾出現，此時圖案中的龍首還沒有簡化（圖版12），入清才逐漸演變到完全圖案化的拐子龍紋（圖版64）。

5. 小結

(1) 明代琺瑯器紋飾的演變與同時期的瓷、漆器和織繡品類同。

(2) 錦地出現的時期，大致在十五世紀末十六世紀初，有雲紋與卷鬚兩種：

　　A. 雲紋：十六世紀末十七世紀初演變成草莓紋，這種錦地至乾隆朝仍在應用（圖版61）。十九世紀中期前後草莓紋橫臥，演變成類似蝸牛形狀的紋飾（圖版76）。

　　B. 卷鬚：到乾隆朝仍在應用（圖版54）。

(3) 掐絲的處理：

　　A. 根據X光透視及觀察破傷的器皿，得知十五世紀的掐絲高度比後期的高（就筆者目測超過後期的一倍），也就是說前期的琺瑯釉層較厚，因此釉的質感顯得溫潤。

　　B. 早期掐絲末端的處理方式，是盡可能將兩條掐絲的末端接頭重疊隱藏；接著採用自然截斷的方式；到十五世紀末期，開始將末端刻意地捲成圓圈。

　　C. 十五世紀至十六世紀初期的掐絲鍍金處理較佳，鏽蝕的情況較輕。十六世紀中期前後到十七世紀前期的掐絲，普遍出現鏽蝕的現象。

　　D. 明代掐絲琺瑯器的掐絲寬窄不一，尤其在早期，經常出現分裂的現象（插圖9），此可作為明代琺瑯器物斷代的參考資料之一。至於其原因，外國學者云稱我國明代琺瑯器的掐絲是以青銅錘打成的，由於青銅絲過度的搥打、或鍛鍊不佳而缺韌性，同時在製作過程中要連續加熱，因退火不

當而致劈裂。直至十七世紀後半，才改用抽拉成的銅絲為掐絲（註123）。

然據本院銅器科同仁朱仁星云：青銅性脆不易搥打成片，即便是鉛青銅（銅與鉛的合金）雖較適錘鍊，但是將其絲扭繞成花紋也不容易。筆者從傷破的器皿上測試其金屬絲，應該是具有韌性的銅片。然明代掐絲琺瑯器的掐絲的確經常出現裂縫現象，是否有可能是當時的銅純度不佳，或者當時所用較高的扁絲，係由兩根細的銅絲重疊在一起錘煉而成的，導致在製作過程中崩裂，但未經化驗，無法斷定。

（三）掐絲琺瑯對其他工藝品的影響

元人於瓷器上施彩與裝飾繁複的紋樣，與琺瑯工藝的傳入不無影響。明代掐絲琺瑯工藝的興起與成就對製瓷工藝的影響，可從兩方面來探討，1.釉料方面，瓷器釉上彩的色釉與琺瑯釉相同，都屬於中低溫的五彩釉料，琺瑯工藝的興起有催化成化鬥彩和嘉萬濃豔彩瓷誕生的可能。2.外觀和製作技巧方面，宣德時期在瓷器上刻填醬釉、弘治時期的刻填綠釉、正德時期刻填三彩（即後來所謂的素三彩）的裝飾方式（註124），以及始於元而興盛於嘉靖朝的法華器的燒製，以及嘉萬時期藍地五彩器的製作（註125），都與琺瑯工藝關係密切。素三彩的製作是在瓷胚上刻畫花紋後，先在高溫下素燒定型，澆施色釉為地，乾後剔除去刻畫紋飾內的地釉，另施他種彩釉後再於低溫下燒成（註126）；法華器則是在陶瓷胎上用泥漿袋勾勒起線（即「立粉」技術），再於溝槽內填施各色釉料窯燒而成（插圖10）（註127），可見引發製作填彩與法華器的靈感，應是來自掐絲琺瑯。李家治在「中國法華釉的研究」中分析法華器釉藥成份，於一標本上找到與十六世紀早期景泰藍釉藥組成相關的線索（註128），可見瓷器的填彩、法華器與豔麗彩瓷的誕生及興起，應該是受到外來掐絲琺瑯工藝的影響而相輔相成。

插圖10 十五-十六世紀 三彩蓮池水禽罐 松岡美術館收藏

註123：綜合下列諸書所載：
（一）〈Chinese and Japanese Cloisonne' enamel〉Harry Garner Faber and Faber 1962，p.111-113
（二）《Antique Chinese Cloisonne'》Introduction-The Characteristics of Ming and Qing Cloisonne'，Art Gallery of Greater Victoria Victoria, British Columbia. 1983
（三）《Chinese Cloisonne'》Introduction by Claudia Brown Adjunct Curator of Oriental Art The Clague Collection 1980，Phoenix Art Museum.
（四）〈The technology of sixteenth-and seventeenth-century Chinese cloisonne' enamels〉J.Henderson、M.Tregear、and N.Wood 《Archacometry》31,2 1989, p.133-136，Printed in Great Britain

註124：馮先銘、安志敏等《中國陶瓷史》「嘉靖、萬曆時期的五彩瓷器—明代的民窯彩瓷的成就」，北京文物出版社1982，章9節2頁385。

註125：耿寶昌《明清瓷器鑑定》，北京紫禁城出版社1993，章6節1頁136。

註126：同註124書，頁385-386。

註127：馮先銘《中國陶瓷》「琉璃器法華器」，上海古籍出版社1994，章2節11頁538。

註128：《古陶瓷科學技術》，(1)，1989年國際討論會論文集，上海科學技術文獻出版社1989。

插圖11 清 康熙 豆彩團牡丹花紋碗

註129：《清宮述聞》「述外朝三─內務府公署」，文海出版社1969，卷3 頁26。

註130：《欽定大清會典事例》「內務府」，臺北臺灣中文書局1963，冊24 卷1173 頁4-8 總頁18775-18777。

註131：根據(一)康熙五十五年廣東巡撫楊琳奏摺。康熙五十八年兩廣總督楊琳奏摺。呂堅＜康熙畫琺瑯瑣議＞，《故宮博物院院刊》，1981/3，頁94。

(二) 周南泉＜明清工藝美術名匠＞(續)，《故宮博物院院刊》，1985/1，頁89-90。

(三) 楊伯達＜十八世紀清內廷廣匠史料紀略＞，《香港中文大學中國文化研究所學報》，1987，卷18 頁119-137。

(四) 朱家溍＜清代畫琺瑯器製造考＞，《故宮博物院院刊》1982/3，頁67-72。

康熙朝
1. 潘淳　廣東　畫琺瑯　康熙五十五年九月赴京。另有徒弟二人一起赴京。
2. 楊士章　廣東　畫琺瑯　康熙五十五年九月赴京，技藝較潘淳次等。
3. 陳忠信(Jean Baptiste Gravereau)耶穌會教士，法國人，會燒畫琺瑯，康熙五十八年六月入京，雍正元年離去。

雍正朝
1. 張琪　廣東　畫琺瑯　雍正三年進京，五年南匠請假單中有張琦，疑為同人。
2. 宋三吉　江西　畫琺瑯　雍正三年進琺瑯作行走。
3. 鄺麗南　廣東　畫琺瑯　雍正五年首見於請假單中。
4. 林朝楷　廣東　畫琺瑯　郎世寧徒弟，雍正六年七月因病返粵。
5. 譚榮　廣東　畫琺瑯　雍正六年進京。畫院畫家，八年畫飛鳴宿食雁角鼻煙壺得到獎賞。
6. 賀金昆　錢塘　畫琺瑯　畫院畫家，雍正六年曾畫琺瑯九壽托碟。
7. 宋七格　煉琺瑯料　雍正六年在玻璃廠中燒製。
8. 周岳　畫琺瑯　雍正七年暫養在年希堯家，等試准再定。
9. 胡大有　吹釉　雍正七年在內廷行走。

四‧清代的掐絲琺瑯

清初宮內設立內務府，掌理宮廷日常需求的器皿，順治十一年裁除，另置十三衙門，十八年又裁十三衙門，乃置內務府(註129)。康熙十九年於武英殿、養心殿設立造辦處，掌成造諸器用之物，康熙三十二年造辦處設立治器的作房，三十五年設立玻璃廠，五十七年武英殿琺瑯作改歸養心殿，增設監造一人(註130)，琺瑯研發之工作就在琺瑯作、玻璃廠及廣儲司的銀作中進行。現存清宮造辦處內務府〈各作成做活計清檔〉，系統地記錄承辦各類活計及匠役活動的重要史料，今據已經發表的這方面資料，整理出造辦處延攬民間琺瑯匠入宮獻技的動態表，列附於註釋中，可作為研究清代琺瑯工藝發展的參考(註131)。

(一) 康熙朝的掐絲琺瑯

康熙早期掐絲琺瑯的風格，仍然與當時瓷器的特色一致，圖版22「掐絲琺瑯花鳥鈁」上的繡球花紋飾，就是十七世紀中期前後瓷器上頗為特殊的裝飾紋樣；圖版23「景泰款掐絲琺瑯方瓶」，器形與康熙朝瓷器的方棒搥瓶相同，裝飾的博古圖也是康熙早期瓷器中慣用紋飾；而圖版24「景泰款掐絲琺瑯花盆」中的雙犄牡丹圖樣，與康熙朝瓷器工藝表現的特色相同（插圖11）。三件文物上同時出現綠中泛藍的釉色，正是十七世紀中期前後琺瑯器的特色，而且也正好與院藏落有大清康熙年製款的番蓮紋盒（圖版25）特色相銜接。

院藏康熙款的掐絲琺瑯，僅有冰梅紋的五供一組（圖版26-28），和一件品貌不佳的番蓮紋盒；據稱北平故宮博物院舊藏康熙款掐絲琺瑯器也僅二十多件，器類也以小型的爐瓶盒居多(註132)。有關康熙款掐絲琺瑯器皿多為小型的爐瓶盒之說(註133)，與前文《皇朝詞林典故》中記載康熙皇帝於二十五年「七月初九日賜食於西苑，并賜法瑯爐瓶匙箸香盒各一具」的典故相互印證。「掐絲琺瑯番蓮紋盒」紋飾中轉枝上的卷鬚（圖版25），採用雙勾的掐絲表現，與十七世紀中期的「掐絲

琺瑯筆山」（圖版21）、「掐絲琺瑯花鳥鈁」（圖版22），開乾隆朝均以雙勾掐絲表現枝與卷鬚之先河；而其胎體之厚重、掐絲細但不工整、雙犄花卉與綠中泛藍的釉色，與稍早的「景泰款掐絲琺瑯花盆」則很近似。而五供器上的冰梅紋，可從康熙時期製做的梅花玉版箋、冰梅錦看來，冰梅紋應該是當時流行的紋飾，也是當時瓷器上常用的紋飾（註134），並且在後期琺瑯器上仍繼續採用（圖版72），可見這六件文物的確具有承先啟後的工藝風格。

康熙款的掐絲琺瑯的數量不多的原因，推測應是「康熙皇帝對歐洲的琺瑯著了迷，想盡法子將畫琺瑯的新技術引進到宮中作坊來……」（註135），以致於忽略掐絲琺瑯的製作；再據《聖祖仁皇帝庭訓格言》康熙三十年所載：「……即如朕新製法藍碗，因思先帝時未嘗得用，亦特擇其嘉者恭奉陵寢……」（註136），更顯示康熙皇帝對畫琺瑯之重視，同時將院藏康熙款畫琺瑯與掐絲琺瑯相比，不但前者量豐質佳，而且器型類別也較多樣化，說明康熙後期宮中琺瑯作的確全力在研製畫琺瑯；此外，康熙初期「不尚尊號」，也是落款的掐絲琺瑯器不多的原因之一，因此也可斷定落有年款的器皿，應非康熙早期的文物；至於這兩組件康熙款琺瑯器間技藝的落差、刻款的格式和筆跡的差異，與北平故宮舊藏康熙款掐絲琺瑯器的情況一樣，它們不但款式多樣化，技藝風格也不一致（註137）。導致這一現象，可能與康熙朝早期瓷器的製作情況一樣，有些器物係由地方官利用當地的各種資源就地製作的緣故。

（二）雍正朝的掐絲琺瑯

從雍正朝開始，清宮造辦處〈各作成做活計清檔〉燒製琺瑯的檔案，正是探討琺瑯工藝活動主要的史料，今將匯集所得的資料整理於下（註138）：

(1) 雍正四年正月初七日，員外郎海望持出景泰琺瑯馬掛小瓶一件，隨黃楊木座。雍正命造辦處琺瑯作

8. 吳士琦　畫琺瑯　雍正七年暫養在年希堯家，等試准再定。
9. 鄧八格　煉琺瑯料　雍正八年在玻璃廠中燒製。
10. 王老格　鍍金匠　雍正八年畫飛鳴宿食雁鼻煙壺得到獎賞。
11. 馬維祺　立窯　雍正九年造辦處行走。
12. 郎世寧　畫琺瑯　雍正九年畫金胎琺瑯杯。康熙五十四年進京，乾隆三十一年病逝。在如意館行走。
13. 戴恆　廣東　畫琺瑯　雍正十年進造辦處，原在畫院工作。
14. 鄒文玉　廣東　畫琺瑯　雍正十年進造辦處，原在畫院工作，康熙五十六年曾與冷枚等畫〈方壽圖〉。
15. 湯振基　廣東　畫琺瑯　雍正十年進造辦處，原在畫院工作。
16. 胡鈜　鏨胎琺瑯　雍正十年進宮，十一年從雍和宮調進造辦處。
17. 徐同正　寫款人　原為武英殿修書處寫字人，雍正五年進琺瑯作行走。
18. 戴臨　寫款人。原為武英殿待詔，八年因飛鳴宿食雁鼻煙壺得到獎賞。
乾隆朝
1. 張維奇　畫法瑯　乾隆元年進造辦處。
2. 何德祿　琺瑯　乾隆元年進造辦處學燒琺瑯。
3. 王成期（祥）　琺瑯　乾隆元年進造辦處學燒琺瑯。
4. 楊加福（如）　琺瑯　乾隆元年進造辦處學燒琺瑯。
5. 魏喜（青奇）　琺瑯　乾隆元年進造辦處學燒琺瑯。
6. 王世雄　揚州　掐絲琺瑯　京師稱之為琺瑯大王。
7. 黨應時　廣東　畫琺瑯　乾隆元年進造辦處，十三年到畫院助金崑畫〈木蘭圖〉、〈蠶壇圖〉，十六年七月告假，十九年十二月回京。
8. 梁馮泰　掐絲琺瑯　乾隆三年進造辦處。
9. 黃念　廣東　畫琺瑯　乾隆四年進造辦處，三十七年又進京，在啟祥宮行走。
10. 梁紹文　廣東　掐絲琺瑯　乾隆四年進造辦處。
11. 胡信侯　景德鎮　畫琺瑯　乾隆六年進造辦處。
12. 胡禮運　廣東　掐絲琺瑯或畫琺瑯　乾隆六年進造辦處，十六年七月告假，十九年十二月。
13. 羅福政　廣東　畫琺瑯　乾隆六年進造辦處。
14. 李慧林　廣東　畫琺瑯　乾隆六年進造辦處，十三年到畫院助金崑畫〈木蘭圖〉〈蠶壇圖〉，二十二年告假一年。

15. 楊起勝　廣東　掐絲琺瑯或畫琺瑯　乾隆七年進造辦處，南匠錢糧花名寫摺畫琺瑯人第一名。
16. 周岳　廣東　掐絲琺瑯　乾隆七年進造辦處。
17. 胡大有　廣東　掐絲琺瑯或畫琺瑯　乾隆七年進造辦處。
18. 胡思明　廣東　掐絲琺瑯或畫琺瑯　乾隆七年進造辦處，十六年七月告假回籍，病故。
19. 羅福旼　廣東　掐絲琺瑯或畫琺瑯　乾隆七年進造辦處，十六年七月告假，十九年十二月回京，工山水人物樓觀，參用西洋法筆意甚細。
20. 黃琛　廣東　畫琺瑯　乾隆七年七月初四日，恩賞每月加銀二兩，十一年告假回籍，十三年八月初四假滿回京
21. 梁觀　廣東　掐絲琺瑯或畫琺瑯　乾隆十三年進造辦處，十六年七月告假，十九年十二月回京。
22. 余熙章　廣東　畫琺瑯　乾隆十三年到畫院助金崑畫＜木蘭圖＞＜鼍壇圖＞
23. 李應時　廣東　掐絲琺瑯　乾隆二十三年進造辦處。
24. 黎明　廣東　掐絲琺瑯或畫琺瑯　乾隆三十六年進造辦處，六十年尚在如意館。
25. 黃國茂　廣東　掐絲琺瑯或畫琺瑯　乾隆三十七年進造辦處，同年返穗。
26. 馮舉　廣東　掐絲琺瑯或畫琺瑯　乾隆三十七年進造辦處。
27. 錢文學　廣東　掐絲琺瑯　乾隆四十年進造辦處。
28. 呂雲鶴　廣東　掐絲琺瑯　乾隆四十二年進造辦處。
29. 張二　廣東　掐絲琺瑯　乾隆四十二年進造辦處。
30. 葉九　廣東　掐絲琺瑯　乾隆四十二年進造辦處。
31. 王凱瑞　廣東　掐絲琺瑯　乾隆四十二年進造辦處。
32. 鄭永福　廣東　掐絲琺瑯　乾隆四十二年進造辦處。
33. 梁意　廣東　畫琺瑯　乾隆四十八年進造辦處。
34. 姚文潮　廣東　畫琺瑯　乾隆四十八年進造辦處。
35. 倫斯立　廣東　曾於乾隆十一年月初四裁減安家銀十兩。

以上的琺瑯藝人，根據不同的資料來源，若擅長琺瑯類項不同時，則兩項並列。

造辦處內的琺瑯製作由怡親王胤祥擘畫經營，郎中海望協助打理業務，雍正八年擢升為總管內務府大臣，乾隆元年升至內大臣；善繪花紋紙樣，曾於雍正六年畫太平如意慶長春瓶花樣一張。

「照此瓶大小款式燒造琺瑯幾件」。至雍正六年五月初四止，僅僅仿製得一件。

(2) 雍正五年九月二十二日，郎中海望持西洋掐絲綠琺瑯盒一個。奉旨：著仿製。

(3) 雍正五年九月二十八日傳旨琺瑯作按照景泰年製螭虎掐絲琺瑯瓶的款式燒造一件，於雍正六年五月初四完成。

(4) 雍正五年十二月三十日，燒製成掐絲琺瑯骨盤。

(5) 雍正六年五月初六，琺瑯作奉旨照雍正六年五月初四仿製成的螭虎掐絲琺瑯瓶，收小或高二、三寸至四、五寸做幾件，分別於八月十四做得一對，十月二十八做得大小二對、十二月二十八做得大小二對，一年中前後大小共製十一件。

(6) 雍正十年間製做一組爐瓶燭臺（註139）。

另外於雍正三年九月初七日曾由太監杜壽交圓明園木作為景泰琺瑯雙龍瓶、景泰螭遊不老爐、景泰琺瑯象鼎等收拾配座（註140），從原文觀察，這幾件掐絲琺瑯是夥同前朝的古器物一起配座的，應該不是當時新製的作品。

從上列資料顯示，雍正初年在仿製景泰琺瑯的技術方面，竟然長達兩年四個月的時間才完成一件，可見當時琺瑯作內對製作掐絲琺瑯的技術未能掌握，也證實康熙晚期全力在研製畫琺瑯，導致掐絲琺瑯技法生疏荒廢；而從雍正五年開始，仿製所需的時間縮短，製作的技術應在此時逐漸成熟；同時從康熙晚期與雍正朝積極地延攬畫琺瑯藝匠入造辦處的事實（參見註131），說明了雍正朝在承接前朝的成果，而繼續地從事畫琺瑯的生產，其研製的重點不在掐絲琺瑯。

目前落雍正款的掐絲琺瑯器，僅本院典藏的一件仿古豆型器（圖版29），該器裝飾的方式，在蓋、腹及高足上陰刻六圈帶狀的回紋，而其裝飾的主紋則由掐絲內

含三小圓圈的大圓圈連續緊密排列組成，不但紋飾獨特，並主要採用墨綠的單色釉藥填燒，僅在小圓圈中央點飾白釉（多半窯燒時飛失）（插圖12）。製作精美絕倫，可說絕無僅有，後來乾隆朝也仿製了一件（圖版30），從燒製釉藥的技巧而言，雖有過而無不及，但從器形線條靈巧、紋飾佈局緊湊、掐絲工整、蓋與器身接合精確度的角度來看，則就略遜一籌了，此種現象，正如雍正皇帝監製瓷器認真嚴謹的態度，是後人所不能及的一樣（註141）。前文資料(2)在雍正五年九月間，曾仿製過一個西洋掐絲綠琺瑯盒，故這件紋飾獨特、脫離傳統的掐絲綠琺瑯豆型器，不免使人將二者產生聯想；若其確為宮中琺瑯作所製的作品，當時宮中既然已具備如此精湛的技術，為何雍正朝傳世的掐絲琺瑯文物僅此一件，故也不排除出自民間藝人之手，年款係入宮後補刻。蒐集文獻中記載雍乾之際掐絲琺瑯名匠，除了在註131中所錄的一些廣東畫琺瑯工匠外，民間的高手，則僅有在乾隆五十八年李艾塘《揚州畫舫錄》中所載的，在京師中被譽稱為琺瑯王的揚州名匠王世雄（註142）；揚州在十八世紀中期的確是一生產琺瑯的重鎮，其掐絲琺瑯的風格，與略具廣州琺瑯風格的內廷產品稍有差異，故此一仿古豆型器，究竟是仿西洋掐絲綠琺瑯盒？抑是出自揚州藝人之手？尚有待探討。

（三）乾隆朝的掐絲琺瑯

由於缺少雍正朝掐絲琺瑯文物，除了能確定其作品必然與瓷器一般具備端整精緻之特色外，無從明確地窺探其工藝技巧的特徵，因此也導致乾隆早期掐絲琺瑯的風格晦藏不明；不過十八世紀中後期乾隆朝掐絲琺瑯的特色，如同瓷器、玉器工藝一樣，還是很明確的。

雖然乾隆初期就開始延攬廣州製作掐絲琺瑯的高手入宮，但是藝匠大量而密集地進入造辦處的時間，則是在乾隆中期以後，今從院藏的掐絲琺瑯來研探其裝飾的風格，發現以紋飾稠密繁複者居多，再從安置在北京雨花閣內乾隆二十年製造和倫敦大英博物館收藏乾隆三十

插圖12A 清 雍正 掐絲琺瑯豆放大圖片

插圖12B 清 乾隆 掐絲琺瑯豆放大圖片

註132：夏更起〈對故宮博物院藏部份掐絲琺瑯器時代問題的探討〉，《故宮博物院院刊》1992/3，頁30。

註133：（一）本院典藏品是屬此類器皿外，上註文中所云者亦屬小型之爐瓶盒類項。
（二）「康熙年款的多是小形器」，楊伯達〈景泰藍〉，《文物》1981/1，頁85。

註134：康熙朝瓷器上除了月影梅花、歲寒三友、朵梅、垂枝梅等，民窯中還以冰梅紋最為多，耿寶昌《明清瓷器鑑定》，章8 節2 頁206-207。

註135：張臨生〈試論清宮畫琺瑯工藝發展史〉，《故宮季刊》十七卷第三期頁25-38。
註11引自Loehr〈滿清宮廷中的傳教士畫家〉，《Transaction of Oriental Ceramic Society》卷34 頁55。

註136：康熙30年「訓曰昔者喀爾喀尚未內附之時，惟烏朱穆秦(內蒙)之羊為最美，厥後七旗之喀爾喀進行歸順，達里崗阿等處立為牧場，其初貢之羊，朕不敢食，特遣典膳官虔供陵寢，朕始食之，即如朕新製法藍碗，因思先帝時未曾嘗得用，亦特擇其嘉者恭奉陵寢」。《聖祖仁皇帝庭訓格言》，頁47-48。《景印文淵閣四庫全書》，冊717 頁639。

註137：同註132。

註138：資料(2)出處：雍正五年九月二十五日，據圓明園來帖內稱「九月二十二日郎中海望持西洋掐絲綠琺瑯一個。奉旨：著仿製」引〈造辦處各作成做活計檔〉3318號。〈清

插圖13 清 乾隆 掐絲琺瑯鳳紋盤

七年製造的大型掐絲琺瑯壇城，以及乾隆二十九、三十九、四十七年各製造掐絲琺瑯佛塔六座等大件文物（註143），與乾隆四十四年家宴中大量地採用掐絲琺瑯器皿（見後文）等事實看來，推測清宮中掐絲琺瑯製作的技巧及產量到乾隆中後期才正式達到巔峰。院藏乾隆朝掐絲琺瑯的風格，大致上可由文物的產地分成三類：（註144）

(1) 宮中製品雖然具廣州工匠的氣息，然做工工整精緻，結合畫琺瑯的部份，在繪畫技巧上仍具相當的水準，釉色亮麗，鍍金及金工較民間作坊講究，參考圖版38-41等。

(2) 廣州製品的色彩豐富但不亮麗，藍釉中泛灰紫的色調；或以泛白的藍色地釉、較粗的雙鉤番蓮卷鬚中填燒黃綠的色釉（插圖13）。以實用的器皿居多，參考圖版74、75等。

(3) 院藏掐絲琺瑯文物中，有部份在風格上與以上兩類略有差異的，例如胎重、釉色典雅、紋飾傳統、體積大而無款，器型多為瓶或具形的陳設器等，推測產自揚州、杭州一帶的可能性居多，參考圖版64、65、66等。

整個乾隆朝掐絲琺瑯的特色，可從兩方面來探討。

1. 器皿種類：

乾隆朝除了繼續仿製前朝的各種器皿和景泰偽款器物外（圖版31），還從事仿古銅器（例如爵、觶、甗等）和宗教儀典方面所用的佛像、佛龕、佛塔、滿達、七珍八寶等供具之製作，更另闢蹊徑，燒製各種動物造形的實用兼陳設的器皿（圖版42）。一般日常生活用具，例如飲食器、文房用具、日用的花瓶、花盆、轎瓶、香薰、臉盆、渾天儀、暖手爐、渣斗、鏡子、掛屏、燈座、帽架、魚缸、如意、齋戒牌、鼻煙壺、鐘錶、及翎管、班指、指甲套、髮簪等裝飾品等，不勝枚舉。

內務府活計檔>，《文物》1991/3，頁92。

資料(1)、(3)、(4)、(5)見註109。

註139：李久芳<中國金屬胎起線琺瑯及其起源>，《故宮博物院院刊》，1994/4，頁22。

註140：<內務府造辦處各作成做活計清檔>13 雍正三年九月七日(木作)。《圓明園》上海古籍出版社1991，下冊 九 頁1168。

註141：同註134書，章10節1頁229。

註142：「王世雄，工琺瑯器，好交游，廣聲氣，京師稱之為琺瑯王，亦良工也」。
李艾塘《揚州畫舫錄》，臺北 學海書局1969，卷2頁22總頁160。

註143：楊伯達<景泰藍>，《文物》，1981/1，頁86。

註144：(一)參考《清代廣東貢品》展品33、34、35等文物風格 香港中文大學文物館1987，頁78-79。

(二)參考馬冀《中國名城歷代貢品錄》，上海 文匯出版社1991，頁149。

稱揚州以掐絲琺瑯聞名於世，製造的作品「掐絲工整，鍍金厚重，彩色豐富，精緻華麗，至清代中期，揚州已是掐絲琺瑯工藝品的主要產區」。當地又有掐絲琺瑯名匠王世雄，京師稱之琺瑯王。

揚州兩淮鹽政李質穎於乾隆三十六年十一月初八進貢琺瑯製品計有：琺瑯萬福萬壽成分，琺瑯江山萬載屏鳳成座，琺瑯太平有象寶座成尊……琺瑯鳴鳳在竹成對，琺瑯青獅獻寶成對，琺瑯四海昇平成對等大件文物。

其中鳴鳳在竹就與圖版64文物上的紋飾相同；琺瑯青獅獻寶與圖版69同。

(三)見註28，杭州在萬曆年間就產掐絲琺瑯稱著。

2. 工藝美術及製作技巧方面

(1) 裝飾紋式方面：採用傳統的螭龍、獸面、吉祥紋飾、蓮塘、山水、番蓮及蓮瓣、菊瓣和各種西洋式花朵。以雙勾的方式處理轉枝、纏枝及其卷鬚作為填白的錦地，相鄰的鬚卷往往填施不同的色彩，此與明代以單絲表現枝與卷鬚的方式不同。紋飾繁縟、堆砌式的裝飾風格是乾隆朝琺瑯工藝一大特色。此完全是受乾隆皇帝喜愛於器物上裝飾稠密紋式的品味影響（註145）。

掐絲詩詞文字的裝飾方式，表現在轎瓶（圖版46-48）及掛屏（圖版45）上，幾乎都是落於敏中（1714-1779）和永璇（1711-1799）款，前者為乾隆二年狀元，官歷文華殿大學士，廷諭多出其手；後者為乾隆皇帝第八子，書法趙孟頫。

(2) 掐絲粗細均勻而流暢，色釉種類多，包括進口及自製的，釉色豔麗、潔淨，但大多數缺透明溫潤的質感，明豔的紫藍、淺紫紅、深棗紅、嬌綠等色，都是前朝未見的色彩。

(3) 結合鏨胎和畫琺瑯之製作技巧於一体，使掐絲琺瑯工藝之發展臻於極境。

(4) 早期的掐絲是用銲接劑固定在胎上，故釉面經常被銲劑汙染，至十七世紀末十八世紀初用膠（白芨水）取代，最後用熔融的琺瑯釉本身來固定，減少焊藥揮發時產生之針眼及汙染（註146）。

（四）清代後期的掐絲琺瑯

康熙初年通貨泉幣用銅已見匱乏，雖然雲南銅礦已經進行開採，產量不斷增加，惟交通不便又沿途險阻，常有誤期及沉船損失，加之滇銅質差，因此各錢局銅之取得，除了回收舊銅器得之少許外，主要靠向日本購買洋銅。後來由於日本官府施行「正德新令」，限制銅的外輸數量，更由於日本國內銅礦資源逐漸枯竭，致使乾隆晚期從日本進口的銅量不斷減少（註147）。乾隆四十

註145：〈活計檔〉：「乾隆元年五月食七日，太監毛團傳旨：玻璃器皿上燒軟琺瑯伺候呈覽。欽此。于二十日，司庫劉山久、首領薩木哈將燒造得亮藍玻璃軟琺瑯鼻煙壺二件，持進交毛團呈覽。奉旨：鼻煙壺上花卉甚稀，再燒時畫稠密些……」。
朱家溍〈清代畫琺瑯器製造考〉，《故宮博物院院刊》，1982/3，頁72。

註146：〈The Technology of sixteenth-and seventeenth-century Chinese cloisonne' enamels〉J.Henderson、M.Tregear、and N.Wood《Archacometry》Printed in Great Britain 31, 2 1989, p.133-136

註147：陳東林〈康雍乾三帝對日本的認識及貿易政策比較〉，《故宮博物院院刊》，1988/1，頁14-15。

插圖14 陳設在梵華樓內的掐絲琺瑯佛塔

註148：〈各作成做活計清檔〉813 乾隆四十五年九月初三日(記事錄)，《圓明園》，上海古籍出版社1991，下冊 九 頁1556。
註149：《高宗純皇帝實錄》，臺灣華文書局1964，卷1115頁10-11。
註150：同註143文，乾隆曾於二十九年為熱河造佛塔六座，三十九年、四十七年又各造佛塔六座。
註151：〈各作成做活計清檔〉833. 乾隆四十七年十月二十二日(鑄爐處)。《圓明園》，下冊 九 頁1575。
註152：《高宗純皇帝實錄》，卷1172頁15 總頁17182。
註153：楊伯達〈景泰款掐絲琺瑯的真相〉，《故宮博物院院刊》，1981/2，頁20。
註154：沈初於乾隆六十年成書的《西清筆記》卷2 頁6。《筆記小說大觀》，臺北新興書局1978。一編 冊1頁672。
註155：〈貢檔〉簿166，《清代廣東貢品》展品47說明，香港中文大學文物館 1987，頁115。
註156：《宮中檔光緒朝奏摺》，國立故宮博物院印行 1974，輯18 頁518-518。
註157：同上註書 輯21頁36-37。
註158：馬冀《中國名城歷代貢品錄》，上海文匯出版社1991，頁147。

五年，為籌鑄圓明園宮前的一對獅子，調用熱河行宮現貯的三口銅鐘，後因添補不敷的銅片不易，而改鑄對鹿（註148）；同年九月告諭：「以督撫等呈進貢物，漸覺踵事增華，屢經宣諭飭禁……乃競以金玉磁銅紛紛羅列，朕實厭之，即如琺瑯一種，必需銅製造而成，耗費銅觔亦日甚，日下錢價漸昂，安知非此項無益之費所致，且進獻不止。」（註149）。言猶在耳，乾隆帝又於四十七年造掐絲琺瑯佛塔六座，現陳設在梵華樓和慈寧花園寶相樓，其中藍綠地纏枝蓮八寶紋宮殿亭式塔高達二三九公分（註150）（插圖14）；同年十一月又令鑄爐處鑄造一對高達七尺六寸的大銅獅，需耗紅銅二六四八五斤（註151），此等大型的器物繼續的製造，促使銅價大漲與匱缺的程度，可從乾隆四十八正月覈覆長蘆鹽政徵瑞奏摺透露端倪，「范清濟承辦長蘆鹽務，並採辦洋銅原令其彼此通融，以鹽務餘息接濟銅觔互為調劑，若專辦銅觔不辦鹽務，是辦鹽之商人得霑餘潤，而辦銅者更形竭蹶」（註152）。終於在五十四年十月十三日「因琺瑯處現無活計，分別將官員匠役等人俱歸併造辦處，畫琺瑯人歸如意館，首領太監歸乾清宮等處當差」（註153）。乾隆末期，不但停止琺瑯作坊，內府琺瑯器亦有付錢局者（註154）；除了官方的鑄幣機構兼供內廷所需琺瑯器外，必然也有來自北京、揚州、杭州、廣州等地的民間作坊，例如老天利、洋天利、寶華生、靜遠堂、志遠堂、德興成、粵東祥村店、廣東天源等琺瑯商號；嘉慶十四年二月初三日廣東總督百齡進琺瑯手爐十個便是一例（註155）。又根據《宮中檔光緒朝奏摺》直隸總督袁世凱於光緒二十九年十月十七日奏，於天津籌辦工藝局及興建工藝學堂（註156），三十一年二月十日再奏「……臣默揣各國致富之源，胥由商務而非講求工藝無以為商務之先驅……」並呈敘籌辦工藝各事之成效（註157）。光緒三十二年，北京農工商部下成立「工藝局」，局中有琺瑯作坊製作外銷物品（註158），由此可知落有「大清工藝局造」款者，係為光緒末年官營的產品。在京津一帶至今仍有掐絲琺瑯生產。

雖然院藏的文物中，找不到落有乾隆以後諸朝年款的掐絲琺瑯器物，但在國外的博物館及私人收藏家手中，倒有少數落有年款的文物，其紋飾風格與同時期的瓷器近似。

　　傳世乾隆以後落有年款而較可靠的掐絲琺瑯器物不多，例如由倫敦維多利亞博物館收藏的文物有兩件，一是編號M3-1965俄國駐華欽使雷薩爾於光緒三十年(1904)七月贈送歐羅福孝廉於倫敦司鐸三十五年的紀念牌（插圖15），一編號 F.E.223-1974 是落大清道光年製篆書款的掐絲琺瑯蘆雁圖盤（插圖16）；美國鳳凰城鳳凰美術館收藏一件光緒十六年庚寅樂宜堂供器輝發那喇氏監製的掐絲琺瑯高足盤，以及瑞士烏氏收藏落大清嘉慶年製款的掐絲琺瑯百壽碗、及同治年造款的龍紋碗等，綜合這些文物及院藏一些無年款、又與乾隆風格頗有落差的文物，當可得見十九世紀掐絲琺瑯的大貌。

(1) 萬字不斷的錦地紋，到十九世紀變成鬆散而略凌亂。

(2) 從十五世紀末十六世紀初形成的雲紋錦，到十七世紀已變成似草莓的形狀，到十九世紀中期前後，則演變成兩端細而橫臥成蝸牛形狀的紋飾。

(3) 番蓮的花瓣變成瘦長疏散而完全張開，花心突立在中央。花葉及蝴蝶翅膀往往用相同的形狀表現，整體的感覺趨向圖案化。

(4) 將前朝不同類型的紋飾堆積在一件作品上，似是而非。

(5) 同一掐絲框內逐漸出現類似畫琺瑯暈染的效果，或者兩種色釉互相暈染。

(6) 龍紋中的龍口裂得很深（即上下巴很長）、龍足在接近身體處不是形同虎腿，即是細小無力，爪如壁虎，整體上軟弱無力，藝術性薄弱。

(7) 光緒朝作品中的粉紅、黃、黑、藍等的釉色明亮，掐絲細而精美，惟缺藝術品味。

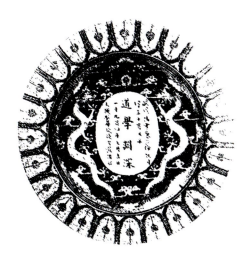

插圖15 清 光緒三十年 掐絲琺瑯紀念牌

插圖16 清 道光 掐絲琺瑯蘆雁圖盤

肆・畫琺瑯

　　畫琺瑯的製作技法，於十五世紀中葉在歐陸比、法、荷三國交界的佛朗德斯(Flanders)地區發明，十五世紀末在法國中西部的里摩居(Limoges)，以其製作內填琺瑯工藝的基礎，發展成畫琺瑯的重鎮；初期以製作宗教性主題的器物，後來才逐漸發展成富裝飾性能的工藝品（註159）。隨著東西海運貿易交往的頻繁，前文釋名中所稱的西洋琺瑯或洋琺瑯便由廣州等港口傳入中國，並就地設廠研製，稱之為洋磁，宮中則多稱其為廣琺瑯。

一・康熙朝的畫琺瑯

　　清聖祖皇帝好學不倦，無論是中國傳統文化與西方的天文地理醫藥數學等先進科技知識無不涉及，並於日理萬機閒暇，對明末清初傳入的一些西方美術工藝製品愛不釋手（註160），玻璃和畫琺瑯製品便是其中一二。康熙十九年於內務府下設造辦處，三十二年擴充造辦處編制，設立治器的作房，琺瑯作便是其中之一，並於三十五年增設玻璃廠。畫琺瑯的研製便於琺瑯作中進行，自製的琺瑯釉料則交由玻璃廠調配燒製。

　　前文已證實畫琺瑯至遲在康熙三十年宮中已試燒成功，與三十五年研發成功的瓷胎畫琺瑯相去不遠；從院藏一部份釉色暗澀無光、色釉突出器表的器物推測，應屬早期開創時期的製品；從註131列舉製作琺瑯藝人入宮時間推算，畫琺瑯進入技術成熟的精製階段，應是在康熙五十七年，武英殿琺瑯作歸屬養心殿造辦處的前後。

　　康熙朝畫琺瑯的特色列舉於下：

(1) 早期作品的胎體與掐絲琺瑯一樣較沈重，由於沒施底釉，直接在器表繪畫，有的文物隱約透露銅胎的顏色（圖版77）、有的在釉層下部產生龜裂的現象（圖版79）、或者面釉層厚，部份色釉堆砌得突出畫面（圖版78）。可能由於燒結的時間及溫度沒能精準地掌握等原因，致使釉色乾澀無光（圖版80）。

註159：張臨生〈試論清宮畫琺瑯工藝發展史〉，《故宮季刊》1983，卷17 期3 頁36 引《世界美術百科全書》(Encyclopedia of World Art) 1968 頁743

註160：同上註文，引梵底岡傳教士馬國賢(M.Ripa)一七一六年七月日記：「康熙皇帝對歐洲的琺瑯著了迷，想盡法子將琺瑯畫的新技術引進到宮中作房來……」(M.Ripa, M.S. Diary 1716 AAH-A626)，轉引自Loehr〈滿清宮廷傳教士畫家〉頁55，《Transaction of Oriental Ceramic Society》卷34。

(2) 地色以黃色居多，黃釉呈明黃的色調，釉色光澤亮麗潔淨的程度，可居清初三朝之冠；黑釉開始啟用，但色澀而無光澤。

(3) 裝飾紋式以寫生花卉及圖案式花卉為主，也有極少許傳統山水風景。花卉主題為荷花、梅花、牡丹與菊等。錦地開光的裝飾方式並不多見，但是圖版92的開光處卻用日本蒔繪漆藝(makie)來處理，確成了清代琺瑯工藝中的絕響。

(4) 繪畫技法，圖案式的花卉是以淺色凸顯花瓣的輪廓，至花心漸深，並以深色的線條細緻地繪飾花葉的脈絡（圖版88）；相反的也有以深色細線精確地勾勒出花瓣和葉片形狀，再以暈染的方式表現出整體的形狀與顏色（圖版86）。寫生花卉部份也以上述方式繪飾花果，部份則採惲壽平、蔣廷錫的沒骨花卉的繪畫技法（圖版85）。至於傳統山水則具王翬、王原祁的繪畫風格。

(5) 早期器型多為小的瓶、盒等，總的以實用的碗、盤、壺、瓶、盒等日常用具為主。

(6) 早期有少數未落年款的文物，凡落年款者，均落「御製」款，例如「康熙御製」或「康熙年御製」。黃地的器皿幾乎均落藍色的年款，偶有紅色的；白地者多落紅、棗紅或趨棗黑色（應該是發色好壞的緣故），偶而也有藍色者；黑地者則落金色的年款。字體早期有篆字，後期幾乎都落工整的楷書體的款。

二・雍正朝的畫琺瑯

　　雍正朝畫琺瑯的製作，理當在康熙朝穩固的基礎上順利地推展，然而雍正元年，法國琺瑯藝師陳忠信因健康不佳離去，使宮內頓時失去擘畫經營琺瑯工藝的高手，今從雍正二年二月初四，造辦處奉旨燒製瓷胎畫琺瑯杯兩件，於二十三日燒裂失敗，奉諭再燒到五月十八日才做得三件（註161）；同年二月初九，雍正賜四川陝

註161：同註145，〈清代畫琺瑯器製造考〉，《故宮博物院院刊》，1982/3，頁67。

西總督年羹堯琺瑯翎管，十二日年羹堯奏祈聖上再恩賜琺瑯物件，雍正帝硃批：「琺瑯之物尚未暇精製，將來必造可觀，今將現有數件賜你……」（註162）；從這兩則資料看來，雍正初年宮中畫琺瑯的製作技術似乎並未能掌握住固定的水準。但是到了同年的六月三十日雍正又賜年羹堯「新製琺瑯鼻煙壺兩個」（註163），接著於同年後期也頻頻賞賜大臣琺瑯鼻煙壺及翎管等事例（註164），想必在技術改良方面有所斬獲。又從院藏五十餘件雍正款的文物中，鼻煙壺竟占半數以上的事實（註165），推測雍正初期琺瑯作在生產小件器物方面，還是相當活絡的。雍正三年以後，〈成做活計清檔〉中出現延攬琺瑯南匠進宮的記錄，但在四年的檔案中尚見：「此時燒的琺瑯活計粗糙，花紋亦俗，嗣後爾等務必精細成造，欽此」（註166）。雍正五年閏三月初三日諭告：「朕看從前造辦處所造的活計好的雖少，還是內廷恭造式樣，近來雖其巧妙，大有外造之氣，爾等再造時不要失去內廷恭造之式」（註167），正是說明內廷畫琺瑯的技藝，由於南匠的加入工作，雖促進製作技術的進步，但也因此在質的方面喪失原本「內廷恭造之式」。同時由清檔「雍正六年二月十七日郎中海望奉旨：照先做過的琺瑯畫九壽字托碟樣，再燒二份……，爾等近來燒造琺瑯器皿花樣粗俗，材料亦不好，再燒造時，務要精心細緻，其花樣著賀金昆畫，欽此」（註168），諭旨中要求自錢塘（杭州）善花鳥人物的畫家賀金昆設計器物的花樣一事看來，喜好風雅的雍正皇帝對琺瑯作中的廣東藝匠設計的紋飾顯然不以為然；今從院藏畫琺瑯文物中一件飾有八個壽字的托碟（圖版105），就其紋飾看來，畫面充滿福壽和子孫萬代吉祥的意味，色彩的安排也頗別致，確是一件精美之作。從雍正後期出現以大型的琺瑯文物作為賞賜的禮物（註169），及〈成做活計清檔〉中出現雍正皇帝獎賞琺瑯藝人的事例、和徵調戴恆、鄒文玉、湯振基等畫院畫家加入琺瑯作工作的時間推測（註170），其技藝於雍正十年前後達到頂峰。

註162：〈年羹堯奏摺〉，《文獻叢編》上，臺北臺聯國風出版社1964，頁4 總頁131。

註163：同上註書，頁12 總頁135。

註164：(一)雍正二年六月賞四川松潘總兵官周瑛琺瑯翎管(雍正二年六月二十九日四川松潘總兵官周瑛奏摺)，《宮中檔雍正朝奏摺》，國立故宮博物院1977，二輯 頁822。
(二)雍正二年七月賞福建巡撫黃國材雍正年製琺瑯鼻煙壺一個(雍正二年八月三日福建巡撫黃國材奏摺)。《宮中檔雍正朝奏摺》國立故宮博物院1978，三輯 頁1-2。
(三)雍正三年十二月賞四川總兵官周瑛琺瑯翎管(雍正三年十二月二十一日四川總兵官周瑛奏摺)，《宮中檔雍正朝奏摺》1978，五輯 頁485-486。

註165：雍正款畫琺瑯51件文物中，有鼻煙壺27件，詳見後註171。

註166：同註145，雍正四年八月十九日檔，〈清代畫琺瑯器製造考〉，頁71。

註167：〈各作成做活計清檔〉3310號，吳兆清〈清內務府活計檔〉，《文物》1991/3，頁92。

註168：同註145，雍正六年二月十七日檔，〈清代畫琺瑯器製造考〉，頁69。

註169：a.雍正七年……復賜國王御書「南天樂國」匾額、緞二十五、玉器八、琺瑯器一、松花石硯二、玻璃器二、瓷器十四……。《清史稿校注》，臺北國史館1990，冊15列傳315「暹羅」頁12140-12141。
b.雍正五年二月初八日，送達賴喇嘛、班禪厄爾德尼琺瑯輪杵一件。吳兆清〈清內務府活計檔〉，《文物》1991/3，頁94。

註170：同註145，〈清代畫琺瑯器製造考〉，頁71-72。

統計院藏琺瑯器物大約有兩千五百餘件，分別放置在琺瑯、瓷器、雜項與多寶格箱中；最主要部份的琺瑯箱共一二八箱，計一八七一件，其中畫琺瑯部份，康熙款三十五件，內有鼻煙壺一件（若連同混置在其他箱中者，總數約有四十多件）；雍正朝有五十一件，內有鼻煙壺二十七件（註171），從文物的數量，似乎稍稍能提供我們研究兩朝畫琺瑯製作狀況的參考。

雍正朝畫琺瑯的特色列舉於下：

(1) 器形製作工整，造型以鼻煙壺為大宗，亦有形制非常特殊者（圖版100、106）。

(2) 黃釉呈杏黃的色調，色感厚然光澤差；黑釉光澤亮麗超越康、乾二朝，使用普遍，是一大特色。

(3) 裝飾紋式往往以西洋式的花葉紋或圖案式的番蓮及荷花為錦地，配合畫傳統的四季花卉、竹石、鳥鵲等吉祥紋飾的開光；開光的式樣多，例如圓、橢圓、桃形和不定形等。

(4) 器底落款處往往裝飾吉祥紋飾，或者用雲紋、龍鳳（鸚鵡）及螭襯托著年款。

(5) 部份具有日本工藝美術品味的器物，似乎與東洋漆器有關，例如圖版106的黑釉雲紋穿帶盒的形制與日本人隨身攜帶印盒及根付相同，此黑釉雲紋穿帶盒與「圓明園來帖記載雍正七年四月初二日，郎中海望持出洋漆萬字錦漆條結式盒一件，奉旨：照樣燒造黑琺瑯盒」（註172）似乎有關。圖版108包袱紋蓋罐裝飾的方式，顯然具日本文物裝飾的品味，據〈成做活計清檔〉載，雍正十年曾作洋漆包袱式盒（註173）。類似相關的線索，都顯示雍正皇帝對東洋工藝的喜愛。

三・乾隆朝的畫琺瑯

雍正後期徵調畫院畫家賀金昆、鄒文玉、戴恆、湯振基等至琺瑯處行走，畫院繪畫的風格對畫琺瑯的影

註171：統計院藏的琺瑯箱，原先是蓄藏在北京清宮的，共有65箱757件，編號為「故博」，其中明代的有39件（落景泰款者28件、宣德款者2件、萬曆款者1件），落康熙款者36件（內有一件為內填琺瑯），落雍正款者52件（畫琺瑯51中包括27件鼻煙壺、掐絲琺瑯1件），落乾隆款者466件（畫琺瑯361件、掐絲琺瑯69件、內填琺瑯36件）。

收自熱河行宮，63箱1114件，編號為「中博」；由於未及完全逐件編目，不過其中大部分為爐瓶盒、七珍八寶等供具和碗盤器皿。略計其中有康熙款6件均為掐絲琺瑯，雍正款者缺，乾隆款有263件。此外與珍玩雜置的雜項箱、放置磁胎畫琺瑯的瓷器箱中均有部份精美的文物；瓷器科的洋瓷箱中有許多落大清乾隆年製篆款的畫琺瑯，例如碗、洗等實用器，及鏨胎琺瑯的七珍八寶，佛龕等；另有為數不多例如鼻煙壺、瓶、盒之類小件文物儲放在多寶格內，總計全部院藏的琺瑯器大約有兩千五百多件。

註172：同註145，〈清代畫琺瑯器製造考〉，頁71。

註173：同註167，〈清內務府活計檔〉，頁90。

響，必然會延及乾隆初期的畫琺瑯（圖版112），此從〈成做活計清檔〉：「乾隆元年五月十七日，太監毛團傳旨：玻璃器皿上燒軟琺瑯伺候呈覽，欽此。……奉旨：鼻煙壺上花卉畫得甚稀，再畫時畫得稠密些，俱各落款，欽此。」中略曉端倪（註174）。

乾隆皇帝酷愛琺瑯工藝，登基之初即不斷地延攬廣州琺瑯藝匠進宮行走，除了說明當時琺瑯作仍積極地在從事畫琺瑯的生產外，南匠的畫藝及繪畫的主題應該會影響宮內畫琺瑯的特色；但是，由於造辦處下畫作（院）、琺瑯作（處）、以及如意館的畫家有互相遣調徵用的事實，例如雍正十年徵調畫院前述的鄒文玉等畫家至琺瑯作行走、如意館的郎世寧也曾奉旨於雍正八、九年間繪畫金胎琺瑯杯（註175）；相同的琺瑯作的李慧林、余熙章等也曾於乾隆十三年調至畫院協助繪製〈木蘭圖〉等，因此畫家們的畫藝與風格，理當具有相當的水準和一致性。乾隆二十七年乾隆皇帝將畫院處與琺瑯處合併，除了著名的畫家歸如意館外，畫院的主管官員與畫家併到琺瑯處「一體行走」（註176）。造辦處下各作的畫家既然「一體行走」，則在體制下的各個作坊採用的畫稿、技巧與品味應該是大同小異，是故宮中畫琺瑯的風格與廣琺瑯還是有差異的。

乾隆朝畫琺瑯的裝飾風格，除了前述乾隆傳旨「鼻煙壺上花卉畫得甚稀，再畫時畫得稠密些」外，乾隆四十八年十月十七日太監鄂魯里傳旨：「現畫長春園全圖，房間著姚文瀚、賈全畫，……殿內圓明園四十景燈片交琺瑯處黃念、黎明、梁意分畫，照稿往細緻裏畫，別畫糙了，欽此。」（註177），由這兩則檔案，明確地顯示當時的工藝裝飾趨向「稠密」、「細緻」堆砌式的特色，也就是乾隆皇帝個人的藝術品味。

清乾隆皇帝御用的琺瑯器皿，除了造辦處積極生產供應皇室的需求外，尚須廣州民間作坊大力的支援，僅就乾隆二十年為例，四月二十九日貢進粵海關燒得琺瑯鐘、碗、盤、碟等四百七十件；七月二十三日送進瓶、

註174：同註145，＜清代畫琺瑯器製造考＞，頁72。
註175：同註145，＜清代畫琺瑯器製造考＞，頁69。
註176：楊伯達《清代畫院》「清乾隆朝畫院沿革」，北京 紫禁城出版社 1993，頁41-42。
註177：＜各作成做活計清檔＞859 乾隆四十八年十一月二十日(如意館)。《圓明園》下編 九頁1588。

罐、魚缸十件；八月初一日又進琺瑯器皿五百件（註178）；此外，還有部份琺瑯器皿則是來自大臣年節的貢品，例如乾隆晚期廣東巡撫圖薩布貢琺瑯七珍八寶成副、琺瑯奶茶碗三十個等（註179）；乾隆五十九年十二月四日兩廣總督長麟貢琺瑯五供成份、琺瑯七珍八寶成份等（註180）。這些在民間作坊燒製的琺瑯器皿，根據〈成做活計清檔〉顯示，乾隆早期入宮的文物並無落年款，至乾隆十四年底傳旨，凡在廣州訂製的琺瑯瓶罐都要刻款；而落「大清乾隆年製」篆書長方並橫款者，應屬乾隆二十一年十二月十五日以後的文物（註181）。筆者以為乾隆朝部份琺瑯的釉色缺乏光澤，紋飾變化不多，用色也不夠雅致，此或是朝廷需求迫切而量多，導致民間作坊粗製濫造的結果。

乾隆朝畫琺瑯的特色綜和如下：

(1) 器型變化很多，包括仿古青銅器、仿康雍二朝的器皿，像生器等。

(2) 黃釉的色調變化多，由明黃、淡黃、橙黃等都有；明黃色的光澤度不及康熙朝者。

(3) 紋飾除了羅括康雍二朝各種式樣的花卉和鳥鵲外，錦地開光處繪傳統及西洋仕女、課子圖、港口與西洋房舍；此外，中西合璧的裝飾方式，例如圖版122，組合西洋帶肉翅的小天使與國人用來納福祈祥的蝙蝠為紋飾，是這一時期的特色。
普遍地採用西洋式卷草紋和百花紋為錦地（圖版119），開光處的風景畫面或人物背景，往往出現港口、尖頂的北歐式樓房和教堂等建築（圖版121），此與自明末開始，陸續由傳教士攜入我國的歐洲圖畫書籍、照片、及銅版畫中的風景房舍等畫面有關（註182）。

(4) 裝飾方式：
    a. 與內填琺瑯製作的技法表現在同件器物上（圖版156）。

註178：乾隆二十年＜各作成承辦活計底檔註銷底檔.記事錄＞3465：「正月初二日員外郎白世秀說：太監胡世傑傳旨……將銅胎寶藍地盤、碗燒造些，於端陽節進。再照從前燒造過細胎琺瑯大碗、大缸亦燒造些，趕萬壽節進……」「於本年四月二十九日員外郎白世秀、副催總舒文將粵海關燒得琺瑯鐘、碗、盤、碟等四百七十件，將聲說摺片一件隨貢冊一本持近交太監張玉……於本年七月二十三日粵海關監督李永標送到琺瑯瓶、罐、魚缸十件由奏事處呈進訖」「八月初一日琺瑯器皿五百件、洋煙三百瓶於本月初四日交粵海家人德泰送往熱河去訖」
楊伯達《清代廣東貢品》展品33說明，香港中文大學文物管1987，頁113。

註179：《宮中檔乾隆朝奏摺》，無年月檔，臺北 國立故宮博物院1988，輯74頁622。
按：查圖薩布於乾隆五十一至五十四年間官拜廣東巡輔。

註180：《清代廣東貢品》，香港中文大學文物館1987，頁17。

註181：＜成做活計清檔＞3424號 粵海關載：「乾隆十四年十二月二十六日員外郎白世秀、司庫達子來說，太監胡世傑傳旨：粵海關所進琺瑯瓶罐俱名無款，嗣後再作瓶罐送來，要刻款，欽此。」又同檔3457號行文：「於本月（乾隆二十一年十二月）十二日郎中白世秀，員外郎金輝將寫得「大清乾隆年製」篆字長方並橫款紙樣一張持進，太監胡世傑呈覽，奉旨：照樣准做發往欽此。於十二月十五日發往粵海關行文知會訖。」同上註書，展覽品說明第44，頁115。

註182：Michael Sullivan〈Some Possible Sources of European Influence on Late Ming and Early Ch'ing Painting〉，《Proceedings of the International Symposium on Chinese Painting》，National Palace Museum.Republic of China 1970,頁603。

插圖 17 清 乾隆 琺瑯彩瓷課子圖碟

  b. 與掐絲琺瑯製作的技法表現在同件器物上。然在繪畫的部份，有些以掐絲為架構，例如畫房子時，則以掐絲為輪廓，藉此增加釉在胎面的固持力（圖版34）。

  c. 仿瓷器中的青花瓷的效果（圖版138）。

  d. 仿內填琺瑯的效果（圖版128）。

  e. 仿掐絲琺瑯的效果（圖版126）。

(5) 繪畫的風格，不論是焦秉貞、冷枚等以中法為主，參用西法的新畫派，抑是郎世寧師徒以西法為主，參酌中法的油畫方法（註183），二者若不計較其中西繪畫成份的多寡，其實是殊途同歸的。就是在傳統的山水繪畫技巧中，加入透視的原理和光影向背的處理，或柔和油畫技法中明暗反差的強度；其中來自廣州的文物，習慣上用紅、藍等單色來渲染山水景致。紋飾中的人物多為仕女和兒童，分西洋和中國傳統兩類，偶而也有西洋男士及宗教性人物（圖版122）。 中國仕女的形像，仍為瓜子臉削肩式的傳統美人相貌（圖版33），與清初院派人物畫家焦秉貞、冷枚筆下的仕女相同； 西洋人物在處理裸露的胸、 手部份，明顯地看出技法的粗拙（圖版118）。所畫的景致與人物與瓷胎畫琺瑯上的紋飾雷同（插圖17），應是遵循固定的畫稿，因此畫面往往是大同小異。

(6) 落款的方式，除了包括明清所有的式樣外，還有用胭脂水紅及青料畫團螭而無文字者（圖版131）。字體有篆、隸、楷及宋體字都有；其中凡落＂大清乾隆年製＂篆書長方並橫款的廣州製品，應屬乾隆二十一年以後的文物（圖版133、134）。

伍・內填琺瑯（鏨胎琺瑯）

  內填琺瑯於西元前五世紀由居住在英國地區的居爾特(Gelt)人發明，他們用青銅做胎體燒製冑甲、鏡子和首

註183：同註176書，「清代康、雍、乾畫院藝術」，頁63-70。

飾等物；西元九至十一世紀，與掐絲琺瑯同時在拜占廷興起，當時以金、銀為胎窯燒琺瑯飾物；影響所及，在法國中西部的里摩居(Limoges)，於十二、三世紀成為歐州內填琺瑯製作的中心（註184）。

談到我國的琺瑯工藝，必定會提到由日本奈良正倉院典藏的一面琺瑯銀鏡，此鏡據〈中國最早的琺瑯銀鏡〉文中考證，應該是我國盛唐時期製作的琺瑯器皿；其製作的方法，是將融熔的玻璃質注入至框格內凝固而成，由於部份花紋係由銀絲盤成，再粘接在鏡（胎）上，故稱其為掐絲琺瑯（註185）；在〈內填琺瑯〉 一文中則以紋飾中的花瓣部份係由鏨鎪的技法製成，故稱之為鏨胎琺瑯（註186）；總之該琺瑯銀鏡，是目前所知我國最早的類似琺瑯器皿的工藝品（插圖18）。

前文已提及在元順帝至正二年（一三四二），印度國王遣使來華進貢的「飾藍琺瑯之金銀燭臺」可能就是來自歐洲的內填琺瑯，但是內填琺瑯正式的輸入而引起國人的注意並開始研製的時間，根據傳世的文物及前文（貳・二）資料顯示，應與畫琺瑯一樣始自清初。

內填琺瑯也就是鏨胎琺瑯，製法與掐絲琺瑯的差異，僅在於胎體上製作花紋的技法不同，因此清宮造辦處〈成做活計清檔〉中，僅有一則記載鏨胎琺瑯名匠胡鋐於雍正十一年從雍和宮調進造辦處的記錄，其餘就一無記載；本院收藏該型文物不多，落康熙款者僅只一件（圖版151），是屬將胎體鏨成細密弦紋錦地，而後填塗透明釉的類型，其他如圖版89類型器物，僅是將胎體鏨成凹凸花朵式，然後完全以繪畫的方式完成；雍正款的內填琺瑯則完全闕缺；乾隆朝出現各種類型的內填琺瑯。院藏的該類文物常用金、銀為胎，從《宮中檔乾隆朝奏摺》中披露，這類金銀胎的內填琺瑯五供，往往由內廷撥銀委託民間作坊製作（註187）；來自廣州的內填琺瑯，甚多屬於點藍（燒藍），諸如前述廣東巡撫圖薩布進貢的琺瑯七珍八寶等佛教供具，多屬此類文物，精緻者尚在透明釉下貼金、銀箔裝飾（圖版163）；此外清

插圖18 唐 琺瑯銀鏡 奈良正倉院收藏

註184：劉萬航＜內填琺瑯＞，《故宮文物月刊》1984/8，期17頁68。
註185：張臨生＜中國最早的琺瑯銀鏡＞，《故宮文物月刊》臺北國立故宮博物院1984/3，卷1期12頁39-44。
註186：同註184文，頁71。
註187：乾隆三十年十二月二十二日，西寧奏為遵旨成造銀法藍供器摺。
《宮中檔乾隆朝奏摺》，臺北國立故宮博物院1984，輯27頁122。

插圖19 清 銀鍍金內填琺瑯指甲套

宮與民間婦女所用的一些首飾，例如髮簪、指甲套等也常採用點藍、綠釉的技法裝飾（插圖19）。

陸・清代琺瑯器的應用

《欽定大清會典》記載，清廷在壇廟祭祀中所用簠簋登鈃籩豆爵尊等器皿，仍舊依宋明以來的慣例，取用陶、漆、銅、玉及金銀器（註188），雖然院藏琺瑯器中也有不少此類文物，例如圖版59的乾隆掐絲琺瑯獸面紋鼎，其形制除了多設一鼎蓋外，其餘均與《宣和重修博古圖》中的周文王鼎相同，大小也相近，類似這型器皿，是否曾被用來作壇廟祭祀之用，就不得而知了。

宮中平日餐膳，即便是帝后，未經傳喚也不能與皇帝同桌共食，唯有在逢年過節舉辦家宴中，家人才能共聚一堂進膳，此時於宴桌上飲食用器的的材質，則因身分的不同而有差異。以乾隆四十四年除夕乾清宮家宴為例，皇帝御宴桌上二、三路的冷葷食品均用掐絲琺瑯碗盛裝，四路用琺瑯盅盛乾果及蜜餞果品，五、六路冷膳和七、八路的熱菜，俱用掐絲琺瑯碗，另外放在皇帝面前的小菜點心，也用掐絲琺瑯碟盛裝；然而陪宴桌上所用的餐具，則只能採用各色瓷器及銀具了（註189）（插圖20）。又如乾隆四十八年正月十五〈膳底檔〉記載當天的早膳和午宴中用器的規定，早膳中採用五福琺瑯碗、五穀豐登琺瑯碗、琺瑯葵花盒及金碗金盤等，而午宴皇帝御桌上的膳具是用掐絲琺瑯碗、盤、碟，陪宴則是用各種瓷器（註190）。由此顯見琺瑯器皿在正式宴桌上，其象徵性的地位遠比瓷器及金銀器尊貴。據乾隆二十年〈各作成承辦活計底檔註銷底檔・記事錄〉載：「於本年四月二十九日員外郎白世秀、副催總殊文將粵海關燒得琺瑯鐘、碗、盤、碟等四百七十件……」；「八月初一日琺瑯器皿五百件……送往熱河」（註191）。這些記載與院藏琺瑯器物中有頗多碗碟之屬的器物是相吻合的，原來這類用器，在內廷也只有如帝王之尊者，在正式膳宴排場上方能使用。

註188：《欽定大清會典》，臺北 啓文書局 1963，卷72 頁1-6。
註189：陸燕貞〈乾清宮皇帝家宴〉，《紫禁城》，北京故宮博物院紫禁城出版社 1996/2，總期91 頁39-41。
註190：乾隆四十八年正月〈膳底檔〉，《圓明園》，下編 四. 頁933-935。
註191：同註178。

琺瑯器在清宮日常器用品類中居如此尊貴的地位，無怪乎在乾清宮正大光明大殿上，到處陳列著琺瑯器皿（插圖21），例如成對的鼎式大爐、太平有象，雙鶴等陳設器，偏殿案頭擺飾的文具、鐘錶、爐瓶盒、花瓶、帽架，牆上掛的轎瓶、掛屏，佛堂陳設的七珍八寶等供具……（插圖22）。琺瑯在當時似乎是皇帝御用的器物，也是帝王贈賜大臣、達賴、班禪喇嘛、和外國君王使節貴重的禮物（註192）。琺瑯器所以如此尊貴而限少數人應用，除了因燒製的過程繁難之外，與前述銅的來源匱乏不無關係。

柒‧餘論

在史料與實物兼具而風格明確的明代瓷器發展過程中，唯獨正統、景泰、天順時期傳世和出土的文物寥寥無幾，因此這一階段的工藝美術特色也就晦暗不明；然而就在這個時期，宮廷御用監內研製掐絲琺瑯的工作，卻獲得相當大的成就，此於張臨生〈我國明朝早期的掐絲琺瑯工藝〉文中，業已做了完善的考證；不過，景泰琺瑯卻遲至晚明方獲縉紳商賈爭購珍藏，這便是真正的景泰琺瑯傳世不多的主因；而院藏及國內外公私立收藏家手中的一批落有景泰款卻具十六至十七世紀風格的琺瑯器皿，就是當時應市場的需求而做的偽器。鑑別這個時期文物真偽的最可靠方法，應從X光透視與分析紋飾風格雙管齊下。

康熙朝琺瑯工藝發展的概貌，早中期大致在延續晚明掐絲琺瑯的製作，後期則專注在畫琺瑯的研製，至遲於康熙三十年試燒成功的畫琺瑯，到了晚期技術已臻完美，奠定十八世紀畫琺瑯工藝輝煌成就的基礎；也因此疏忽而致荒廢了製作掐絲琺瑯的技術，加上雍正皇帝浸淫在瓷器工藝的領域，在掐絲琺瑯方面，除了留下一件精美無比但疑問重重的豆型器外，連同內填琺瑯都交了白卷；畫琺瑯方面，若除去黑釉燒製的成就與捍衛品質的「內廷恭造之式」外，其他的成果與瓷胎畫琺瑯相比，

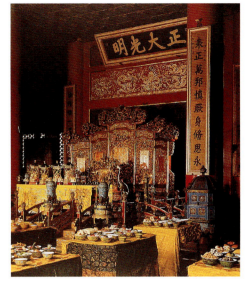

插圖20 乾清宮家宴圖片

註192：（一）同162註。
（二）a.雍正七年……復賜國王御書「南天樂國」匾額，緞二十五、玉器八、琺瑯器松花石硯二、玻璃器二、瓷器十四……。
b.乾隆二十二年，入貢，特賜其王蟒緞、錦緞各二，閃緞片金緞各一，絲緞四，玉器、瑪瑙各一，松花石硯二，法瑯器十有三，瓷器百有四……。
《清史稿校注》臺北 國史館 1990，冊15列傳315「暹羅」頁12140-12141。
（三）a.〈成做活計清檔〉3293號：雍正三年，賜暹羅國王內造緞二十匹……琺瑯瓶盒一分……。
b.〈成做活計清檔〉3711號：雍正五年二月初八日，送達賴喇嘛、班禪厄爾德尼琺瑯輪杵一件。
c.〈成做活計清檔〉3306號：乾隆二十七年正月初二賞達賴喇嘛銅琺瑯蓋罐一對、銅琺瑯碗五件。
吳兆清〈清內務府活計檔〉，《文物》，1991/3，頁94。

插圖 21　乾清宮正大光明殿寶座

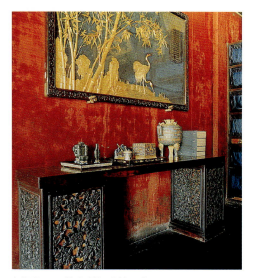

插圖 22　養心殿正廳一角

也是乏善可陳；清代掐絲琺瑯的製作，大約於乾隆中後期達到巔峰，晚期漸衰。製作技術的精進，雖然釉藥的品種增多而純淨，掐絲細緻而流暢，但是由於釉層的變薄，相對地減弱了早期文物那種深厚溫潤的質感。

從研究畫琺瑯工藝風格的過程中，發現內務府造辦處下各個作坊的畫家們，實際上是相互徵調「一體行走」的，因此琺瑯器上的紋飾與風格，往往與當時瓷器或院畫中某些畫面近似雷同。琺瑯工藝因深獲清廷帝王的喜愛與青睞，使這項來自西洋的工藝，由於融入國人傳統工藝的技巧，有了長足的發展，其留給後世大量的製品，除了為這項工藝技術的成就作了明確的見證外，同時也如同當時新派繪畫一樣，充份表現出當時國人對西洋文明的愛慕；清代畫琺瑯的特色，雖然揉和了我國傳統藝術的審美觀念，不過卻始終沒有脫離當時西方工藝美術繁複華麗的窠臼，這應該是它無緣被傳統文人認同為「典雅」之器的主要原因罷？

這篇文字在推算清代琺瑯工藝發展的時間、藝人及其活動的情況，主要靠已發表的清宮檔案為依據。在有些問題上，由於資料不足無法做明確的分析，疏漏及訛舛之處，尚祈博雅方家不吝賜正。

Enamel Art in the Ming and Ch'ing Dynasties

I. Foreword

The Chinese refer to the glassy coating on porcelains as glaze, that on earthen wares as *liu-li*, and that on metal wares as enamel. The ingredients that compose glass, glaze, *liu-li*, and enamel are similar, with silicates as the main component. But as the latter three materials are applied onto different kinds of vessel bodies, techniques of their production must take into account the physical and chemical properties of both the glaze and the vessel body used.

Enamel is made by first mixing quartz, feldspar, borax, fluoride, etc. according to an appropriate ratio and heating them into a fusion of borate and silicate compounds. Metallic oxides are then added in the process to obtain the desired color, and thus there is no fixed fusion point. Generally, the underglaze is formed between 820-870 degree Celsius and the overglaze from 790-840 degree Celsius. Vessel bodies of different materials require different adjustments of the amount or types of the enamel's basic components; the expansion coefficient and fusion point of the enamel substances must be lower than those of the base material.

In the Ming Dynasty, copper or copper alloy were utilized for the vessel body of enamel wares. Occasionally gold and silver as well as copper or copper alloy (bronze) were employed in the Ch'ing Dynasty.

Although enamel wares had various names in the Ming and Ch'ing Dynasties, today, as categorized by their production methods, there are cloisonné, painted, and champlevé enamels.

Cloisonné enamel was the first kind to be invented. It is made by first entwining strips of copper wire (cloisons) into desired patterns and pasting them on the vessel body. Then enamel frits of various colors are filled in the hollows. Another color (usually blue) is added to the outer areas as the background, and the vessel is kiln-fired. This process is repeated several times and the enamel is layered on until the desired thickness is achieved. The ware is completed after such procedures as polishing and plating with gold.

Painted enamel is created by first heating a layer of opaque enamel onto the inner and outer surfaces of the metal vessel as the base. Next the design is painted on the base layer or the top glaze is applied, and the vessel is kiln-fired and completed.

The making of champlevé wares is similar to that of their cloisonné counterparts, with the only difference being that the pattern on the vessel body or surface is formed by etching, engraving, or repoussage. Since enamels vary in thickness, some spread over the vessel's surface (plate 159) and some cover only indented areas, revealing the underlying metal outlines (plate 156). Another kind of champlevé enamel involves delicately carving a beautiful pattern of fine lines onto the metal to serve as the background and then applying multicolored, transparent enamel frits on the surface; this not only ensures better adhesion of the frits to the surface but also reveals the color of the base metal and the incised lines (plate 151).

II. Cloisonné Enamels of the Ming Dynasty

Cloisonné wares appeared in China no later than the Southern Sung Dynasty, and the techniques of their production were introduced during the later half of the Yuan Dynasty. In the early Ming Dynasty, cloisonné enamels were already being used by some people. By the 21st year of the Hung-wu period, the method of making cloisonné wares had already been recorded in the "Ke Ku Yao Lun" (" 格古要論 "). However, it was not until the late Ming Dynasty that cloisonné enamels gained the attention of scholars and appealed to officials and merchants.

During the Ching-t'ai period of the Ming Dynasty, cloisonné enamels were characterized mainly by having decorations with the lotus and its petals. Lotus petals were thick and short, and the shapes and sizes of the leaves were unequal.

The enamel layer was thicker (figure 5), and there were no background designs nor mixture of colors. Vessel types were invariably items like censers, boxes, small cups, and vases. The ends of the cloisons were concealed, and the vessel bodies were thicker and heavier than their subsequent counterparts (plate 1).

An irregular, unsealed background design of clouds appeared among enamel wares from the late 15th to the early 16th centuries; at the same time, the background motif of tendrils was also conceived. New colors were created by mixing white enamel with other colored enamels (figure 7), and the ends of the cloisons were sometimes unhidden or twisted towards the inside (plate 3). Around the mid-16th century, lotus petals were multiplied and thin, and their tips were curved; leaves gradually diminished in size or became shaped like "comma" marks and were arranged almost symmetrically. Some enamels such as the brown and green ones became partly transparent (plate 6). The enamel layer was thinner than before, and the cloud background design was prevalent.

From the late 16th to the early 17th centuries, larger pieces with thin bodies and rich colors were manufactured. The lotus' center was clearly divided into two peach shapes one on top of the other, and auspicious clouds or the *kuei* jade-shaped pattern could be seen extending from the peach's tip; the lotus scroll was presented like a horizontal "S" and leaves were tidy or arranged symmetrically in comma-like shapes (plate 17). As for the dragon design, almost between every three fin-like structures on the dragon's back was one in the form of a saw tooth; there was often a row of short, slightly triangular whiskers under the dragon's jowl, and its eyebrows were shaped somewhat like the Chinese character for mountain ("山"). The background design of strawberry shapes, derived from the cloud motif, matured (plate 11). Pea-green glaze appeared in the early 17th century. The *kuai-tzu* dragon design (a more abstract form of the dragon) also emerged, but at this time the dragon's head was not yet simplified (plate 12);

it gradually transfigured into a completely abstract representation in the Ch'ing Dynasty (plate 64). In the Ming Dynasty, the width of the cloisons was indefinite and the strips frequently cracked (figure 9).

III. Cloisonné Enamels of the Ch'ing Dynasty

During the first half of the K'ang-hsi reign, production of cloisonné enamels was largely a continuation from the late Ming Dynasty. In the later part of the period, however, research and production were focused on painted enamels, and thus techniques for making cloisonné wares became neglected. Moreover, as Emperor Yung-cheng excelled in the domain of porcelains, he dismissed the production of enamel wares and only generated one exquisite yet questionable cloisonné *tou* vessel (plate 29). The manufacture of cloisonné enamels in the Ch'ing Dynasty reached its peak during the middle to late Ch'ien-lung period and gradually declined thereafter. Despite the diversity and purity of the enamel substances, the thickness found on earlier pieces waned as the enamel coating became thinner. Cloisonné pieces from the Ch'ien-lung reign that are housed in the National Palace Museum can be classified into three types according to their locations of production:
1) Although products of the court possessed a style typical of artisans from Canton, they encompassed neatness and elegance. Cloisonné as well as painted enamel works were of fine quality; the technique of painting was sophisticated, glaze colors were brilliant, and gold plating and metal work were elaborate (plates 33-41 offer examples).
2) Products of Canton had diverse but dull colors. The blue enamel contained a grayish-purple tone; a whitish-blue glaze was used as the base and a yellow-green glaze was applied inside wide, outlined tendrils (figure 13). (For examples, refer to plates 73, 74, etc.)
3) Part of the cloisonné collection in the National Palace

Museum are slightly different in style from the two types mentioned above. For instance, ornamental vessels with heavy bodies, elegant glaze colors, traditional decorations, and that are large, without reign marks, and primarily in the shapes of vases or animals were most likely manufactured around Yangchow and Hangchow (plates 64, 65, etc.).

The characteristics of cloisonné enamels from the Ch'ien-lung period can be discussed from two perspectives:

1. Types of vessels: Apart from imitations of all kinds of vessels from previous periods and those with the Ching-t'ai reign mark (plate 31), ancient bronzes like the *chueh* and *chih* as well as religious items like altar pieces and Buddhist figures were also fabricated during the Ch'ien-lung reign. Practical and decorative vessels in the shapes of various animals were invented. Other vessel types included objects for daily use such as food and drinking containers, stationery articles, daily necessities, accessories, etc.

2. Craftsmanship and production techniques

1) Decorations and patterns: Outlined scrolls, interlocking patterns, and tendrils were used as background motifs, differing from the Ming Dynasty, when they were presented in single lines. Complicated and piled-up decorations were characteristic features of enamel wares from the Ch'ien-lung period. These resulted from Emperor Ch'ien-lung's fondness for lush decorations on vessels.

2) The development of cloisonné art reached its pinnacle when production techniques for the different types of enamel wares were combined (i.e., the procedures of carving and of painting were used on the same vessel, etc.).

3) Formerly, solder was used to attach cloisons onto the vessel body, often causing contamination of the glaze's surface by the enamel substances. During the late 17th and the early 18th centuries, glue replaced solder, and finally the enamel itself was melted to append the strips, thereby reducing the likelihood of causing sties and contamination.

As copper resources were seriously deficient, production

of enamel works could not continue; on October 13 in the 54th year of the Ch'ien-lung period, an imperial edict to reduce governmental production of enamel works was issued. Since then, enamel vessels for court use came from the government's mint as well as privately owned workshops in Beijing, Yangchow, Canton, etc. In the 32nd year of the Kuang-hsu reign, "Kung I Chu" (" 工藝局 ") was formed under the Beijing Bureau of Agriculture, Industry, and Commerce, in which workshops were established to manufacture enamel works for export. Therefore, one can tell that a vessel with the "Ta Ch'ing Kung I Chu Tsao" (" 大清工藝局造 ") mark was a government-supervised product of the late Kuang-hsu period.

General appearance of cloisonné enamels in the 19th century:

1. The unbroken pattern of the swastika background motif became detached and slightly messy.
2. The cloud background design, which was formed around the end of the 15th century and the beginning of the 16th century, transformed into strawberry-like shapes in the 17th century; when it reached the mid-19th century, the pattern evolved into snail-like shapes (figure 16).
3. Lotus petals became slender, scattered, and completely stretched out, and the flower's center protruded. Leaves and butterfly wings were often presented by the same shape.
4. An ink wash effect like that of painted enamel gradually appeared in the hollows between the cloisons, or two different-color glazes stained each other.
5. The pink, yellow, black, blue, and other glazes on pieces from the Kuang-hsu period were resplendent and the cloisons were thin and exquisite, but artistic taste was lacking.

IV. Painted Enamels

During the late Ming and early Ch'ing periods, bustling exchanges between eastern and western cultures and the lifting of restrictions at ports during the 23rd year of the K'ang-hsi reign brought in western goods in large quantities.

Emperor K'ang-hsi adored the imported painted enamels, and after research and experiments, methods of their production were accomplished by the 30th year of his reign and perfected later in his regime. The glaze colors were vivid, and decorations mainly consisted of drawings of nature and floral patterns. The foundation for the accomplishments of painted enamel art in the 18th century was established at this time. The achievements of painted enamel wares from the Yung-cheng period were insignificant compared to those of their porcelain counterparts; the flower- and-magpie pattern was most frequently used. When Emperor Ch'ien-lung initially succeeded the throne, not only did he incessantly recruited enamel artisans from Canton to produce painted enamel works in the palace, but he also required considerable assistance from private workshops in Canton. For example, in the 20th year of his regime, 470 pieces of enamel clocks, bowls, plates, dishes, etc. from Canton were offered to the court on April 29. On July 23, 10 pieces of vases, jars, and fish tanks were delivered, and in early August, another 500 pieces of enamel wares were conveyed. One special feature of painted enamels from this period was the appearance of these decorations: traditional Chinese female figures; Western female figures; mother and child; and Western architecture.

V. Champlevé Enamels

The difference in the production of champlevé and cloisonné enamels lies only in the technique of applying the decoration on the vessel. There was hardly any record of this type of enamel in the archives of the Ch'ing imperial palace. The National Palace Museum contains a small number of champlevé pieces, with only one with the K'ang-hsi reign mark (plate 151) and none from the Yung-cheng period. However, various kinds of champlevé products were made during the Ch'ien-lung reign, and those in the Museum's collection are often gold or silver vessels. Usually champlevé altar pieces of these materials were provided by private manufacturers under paid commission.

VI. Epilogue

Although the cloisonné wares of the Ching-t'ai period were exquisite and lovely, it wasn't until the late Ming Dynasty that they became available to the public and sought after and collected by officials and merchants, leaving few genuine pieces to be passed on until today. A few enamel vessels in the possession of the National Palace Museum and other public and private collectors here and abroad are forged pieces; they bear the Ching-t'ai reign mark but simultaneously a style representative of the 16th and 17th centuries. They were fabricated to meet the great demand for enamel works at the time. The most reliable way to identify vessels from this period is by examining them with an X ray and analyzing the style of their decorations.

The fondness and esteem Ch'ing emperors had for painted enamel, in addition to the artistic skills of the Chinese, generated the remarkable development of this Western art in China and a considerable number of its products. Not only does this demonstrate the success of the techniques involved in making painted enamel, but it also shows the Chinese people's regard for Western technologies and their wisdom in making use of them. For this reason, painted enamel of the Ch'ing Dynasty embodied traditional Chinese aesthetic concepts but never broke away from the intricate, colorful characteristics of Western art. This might explain why painted enamel wares were never regarded by Chinese scholars as "refined" vessels.

Translated by Elaine Tsai（蔡依倫）

圖版目次

1. 明 景泰 掐絲琺瑯番蓮紋盒（AD1450-1456）··········66
2. 明 掐絲琺瑯番蓮紋龍耳爐（十五世紀中後期）··········67
3. 明 景泰款掐絲琺瑯鹿鶴長春花插（十五世紀末十六世紀初）··········68
4. 明 景泰款掐絲琺瑯葡萄紋尊（十六世紀初）··········70
5. 明 掐絲琺瑯葡萄紋爐（十六世紀初）··········71
6. 明 掐絲琺瑯夔龍紋尊（十六世紀前期）··········72
7. 明 掐絲琺瑯鳧式爐（十六世紀前期）··········74
8. 明 掐絲琺瑯獅戲圖碗（十六世紀中前期）··········75
9. 明 掐絲琺瑯三多瓶（十六世紀後期）··········76
10. 明 景泰款掐絲琺瑯花卉梅瓶（十六世紀後期）··········78
11. 明 萬曆 掐絲琺瑯雙龍盤（AD1573-1615）··········79
12. 明 景泰款掐絲琺瑯三羊尊（十七世紀初期）··········80
13. 明 景泰款掐絲琺瑯龍鳳紋觚（十七世紀前期）··········81
14. 明 掐絲琺瑯葫蘆式扁瓶（十七世紀前期）··········82
15. 明 景泰款掐絲琺瑯螭耳爐（十七世紀前期）··········83
16. 明 景泰款掐絲琺瑯龍耳扁壺（十七世紀前期）··········84
17. 明 宣德款掐絲琺瑯螭耳洗（十七世紀前期）··········85
18. 明 景泰款掐絲琺瑯象足洗（十七世紀前期）··········86
19. 明 景泰款掐絲琺瑯蟠龍瓶（十七世紀前期）··········87
20. 明 清 景泰款掐絲琺瑯番蓮水盛附勺（十七世紀中期）··········88
21. 明 清 掐絲琺瑯筆架（十七世紀中期）··········89
22. 明 清 掐絲琺瑯花鳥鈁（十七世紀中期）··········90
23. 清 景泰款掐絲琺瑯方瓶（康熙初期）··········92
24. 清 景泰款掐絲琺瑯花盆（康熙初期）··········94
25. 清 康熙 掐絲琺瑯番蓮紋盒（1662-1722）··········96
26. 清 康熙 掐絲琺瑯冰梅紋雙環爐（1662-1722）··········97
27. 清 康熙 掐絲琺瑯冰梅紋燭臺一對（1662-1722）··········98
28. 清 康熙 掐絲琺瑯冰梅紋瓶一對（1662-1722）··········99
29. 清 雍正 掐絲琺瑯鳳耳豆（1723-1735）··········102
30. 清 乾隆 掐絲琺瑯鳳耳豆（1736-1795）··········103
31. 清 景泰款掐絲琺瑯象耳盂（乾隆前期）··········104
32. 清 乾隆 掐絲琺瑯蓮瓣式爐（1736-1795）··········105
33. 清 乾隆 掐絲琺瑯爵、盤（1736-1795）··········106
34. 清 乾隆 掐絲琺瑯仕女執壺（1736-1795）··········108
35. 清 乾隆 掐絲琺瑯多穆壺（1736-1795）··········110
36. 清 乾隆 掐絲琺瑯酥油茶罐（1736-1795）··········112
37. 清 乾隆 掐絲琺瑯西洋母子圖瓶（1736-1795）··········114
38. 清 乾隆 掐絲琺瑯西洋人物蓋罐（1736-1795）··········115
39. 清 乾隆 掐絲琺瑯花卉蓋罐（1736-1795）··········116
40. 清 乾隆 掐絲琺瑯螭耳罐（1736-1795）··········117
41. 清 乾隆 掐絲琺瑯西洋人物鼻煙壺（1736-1795）··········118

42. 清 乾隆 掐絲琺瑯鳧壺（1736-1795）……………………………………119
43. 清 掐絲琺瑯犧尊（十八世紀後期）…………………………………120
44. 清 掐絲琺瑯天雞尊（十八世紀後期）………………………………122
45. 清 乾隆 掐絲琺瑯御製詩掛屏（1736-1795）………………………123
46. 清 乾隆 掐絲琺瑯轎瓶（1736-1795）………………………………124
47. 清 乾隆 掐絲琺瑯夔龍紋轎瓶（1736-1795）………………………125
48. 清 乾隆 掐絲琺瑯花果紋轎瓶（1736-1795）………………………126
49. 清 乾隆 掐絲琺瑯獸面紋方觚（1736-1795）………………………127
50. 清 乾隆 掐絲琺瑯夔龍碗一屜（1736-1795）………………………128
51. 清 掐絲琺瑯夔龍紋鏡（十八世紀後期）……………………………129
52. 清 乾隆 掐絲琺瑯扁壺（1736-1795）………………………………130
53. 清 乾隆 掐絲琺瑯龍紋文具一組（1736-1795）……………………134
54. 清 乾隆 掐絲琺瑯動物紋豆（1736-1795）…………………………137
55. 清 掐絲琺瑯燭臺一對（十八世紀後期）……………………………138
56. 清 乾隆 掐絲琺瑯十相自在梵文碟（兩件）(1736-1795)…………139
57. 清 乾隆 掐絲琺瑯獸面紋觶（1736-1795）…………………………140
58. 清 乾隆 掐絲琺瑯獸面紋甗（1736-1795）…………………………141
59. 清 乾隆 掐絲琺瑯獸面紋方鼎（1736-1795）………………………142
60. 清 乾隆 掐絲琺瑯奔巴壺（1736-1795）……………………………144
61. 清 乾隆 掐絲琺瑯龍鳳提梁壺（1736-1795）………………………145
62. 清 掐絲琺瑯獸面紋提梁卣（十八世紀後期）………………………146
63. 清 乾隆 掐絲琺瑯轉枝番蓮紋扁壺（1736-1795）…………………147
64. 清 掐絲琺瑯丹鳳朝陽八方瓶（(十八世紀後期）……………………148
65. 清 乾隆 掐絲琺瑯赤壁圖扁壺（十八世紀後期）……………………150
66. 清 乾隆 掐絲琺瑯春耕圖扁壺（十八世紀後期）……………………151
67. 清 乾隆 掐絲琺瑯貫耳扁瓶（1736-1795）…………………………152
68. 清 掐絲琺瑯瓔珞梅瓶（十八世紀後期）……………………………153
69. 清 掐絲琺瑯對獅（十八世紀後期）…………………………………154
70. 清 掐絲琺瑯天雞尊（十八世紀後期）………………………………156
71. 清 乾隆 掐絲琺瑯蓮塘紋罐（1736-1795）…………………………158
72. 清 乾隆 掐絲琺瑯方勝式盒（1736-1795）…………………………159
73. 清 掐絲琺瑯圍棋盒（十八世紀後期）………………………………160
74. 清 乾隆 掐絲琺瑯梵文高足碗（1736-1795）………………………161
75. 清 掐絲琺瑯唾盂（十八世紀晚期）…………………………………162
76. 清 掐絲琺瑯水盛一對（十九世紀中期）……………………………163
77. 清 畫琺瑯荷花水盛（康熙早期）……………………………………164
78. 清 康熙 畫琺瑯花卉小盒（1662-1722）……………………………165
79. 清 康熙 畫琺瑯紫地花卉碗（1662-1722）…………………………167
80. 清 康熙 畫琺瑯歲朝圖瓶（1662-1722）……………………………168
81. 清 康熙 畫琺瑯梅花水盛（1662-1722）……………………………170
82. 清 康熙 畫琺瑯五楞式盒（1662-1722）……………………………172

編號	朝代	名稱	頁碼
83.	清 康熙	畫琺瑯八楞式盒（1662-1722）	173
84.	清 康熙	畫琺瑯花卉盃、盤（1662-1722）	174
85.	清 康熙	畫琺瑯玉堂富貴瓶（1662-1722）	176
86.	清 康熙	畫琺瑯四季花卉瓶（1662-1722）	178
87.	清 康熙	畫琺瑯壽同山岳，福共海天觀音尊一對（1662-1722）	180
88.	清 康熙	畫琺瑯牡丹唾盂（1662-1722）	182
89.	清 康熙	畫琺瑯蓮花蓋碗（1662-1722）	184
90.	清 康熙	畫琺瑯牡丹方壺（1662-1722）	186
91.	清 康熙	畫琺瑯菊花方壺（1662-1722）	187
92.	清 康熙	畫琺瑯花卉盒（1662-1722）	188
93.	清 康熙	畫琺瑯蓮花式碟（1662-1722）	190
94.	清 康熙	畫琺瑯鳳紋盤（1662-1722）	192
95.	清 康熙	畫琺瑯方盤（1662-1722）	194
96.	清 康熙	畫琺瑯梅花鼻煙壺（1662-1722）	196
97.	清 雍正	畫琺瑯牡丹荷蓮鼻煙壺（1723-1735）	197
98.	清 雍正	畫琺瑯花蝶盤（1723-1735）	198
99.	清 雍正	畫琺瑯蟠龍瓶（1723-1735）	200
100.	清 雍正	畫琺瑯烏木把手執壺（1723-1735）	201
101.	清 雍正	畫琺瑯福壽扁圓盒（1723-1735）	202
102.	清 雍正	畫琺瑯梅禽紋扁圓盒（1723-1735）	203
103.	清 雍正	畫琺瑯花鳥洗（1723-1735）	204
104.	清 雍正	畫琺瑯花卉渣斗（1723-1735）	206
105.	清 雍正	畫琺瑯子孫萬代福壽盃、盤（1723-1735）	208
106.	清 雍正	畫琺瑯雲紋穿帶盒（1723-1735）	210
106.	清 雍正	畫琺瑯花蝶蓋罐（1723-1735）	212
108.	清 雍正	畫琺瑯包袱紋蓋罐（1723-1735）	214
109.	清 乾隆	畫琺瑯包袱紋蓋罐（1736-1795）	216
110.	清 乾隆	畫琺瑯菊花方壺（1736-1795）	218
111.	清 乾隆	畫琺瑯牡丹方壺（1736-1795）	219
112.	清 乾隆	畫琺瑯蘆雁圖瓶（1736-1795）	220
113.	清 乾隆	畫琺瑯花鳥雙耳瓶（1736-1795）	222
114.	清 乾隆	畫琺瑯瓜楞式壺（1736-1795）	224
115.	清 乾隆	畫琺瑯風景蓋罐（1736-1795）	226
116.	清 乾隆	畫琺瑯花鳥蓋罐（1736-1795）	228
117.	清 乾隆	畫琺瑯風景渣斗（1736-1795）	230
118.	清 乾隆	畫琺瑯西洋母子圖提梁壺（1736-1795）	232
119.	清 乾隆	畫琺瑯西洋母子圖罐（1736-1795）	234
120.	清 乾隆	畫琺瑯西洋人物觀音瓶（1736-1795）	235
121.	清 乾隆	畫琺瑯西洋人物碟（1736-1795）	236
122.	清 乾隆	畫琺瑯西洋人物牧羊圖碟（1736-1795）	237
123.	清	敬製款畫琺瑯蓋盒（十八世紀中期）	238

編號	品名	頁碼
124.	清 乾隆 畫琺瑯雙連蓋罐（1736-1795）	239
125.	清 乾隆 畫琺瑯纏枝花卉蓋碗及托（1736-1795）	240
126.	清 乾隆 畫琺瑯雷紋獸耳銜環蓋罐（1736-1795）	241
127.	清 乾隆 畫琺瑯壺式蓋罐（1736-1795）	242
128.	清 乾隆 畫琺瑯花卉渣斗（1736-1795）	244
129.	清 乾隆 畫琺瑯荷葉式盒（1736-1795）	245
130.	清 乾隆 畫琺瑯蓮瓣式蝶蟲蓋罐（1736-1795）	246
131.	清 畫琺瑯羅漢蓋碗（十八世紀中期）	248
132.	清 乾隆 畫琺瑯花薰（1736-1795）	250
133.	清 乾隆 畫琺瑯花式茶盤（1736-1795）	252
134.	清 乾隆 畫琺瑯瓜楞式手爐（1736-1795）	253
135.	清 乾隆 畫琺瑯風景人物蓋碗（1736-1795）	254
136.	清 乾隆 畫琺瑯山水人物鼎式爐、瓶、盒（1736-1795）	255
137.	清 畫琺瑯九子攢盤及蓋盒（十八世紀後期）	258
138.	清 乾隆 畫琺瑯仿青花瓷盤（1736-1795）	259
139.	清 乾隆 畫琺瑯皮球花提梁卣（1736-1795）	260
140.	清 乾隆 畫琺瑯皮球花觚（1736-1795）	261
141.	清 乾隆 畫琺瑯西洋人物雲耳瓶（1736-1795）	262
142.	清 乾隆 畫琺瑯喜相逢滷壺（1736-1795）	263
143.	清 乾隆 畫琺瑯靈芝花卉杯（1736-1795）	264
144.	清 乾隆 畫琺瑯福壽瓶（1736-1795）	265
145.	清 乾隆 畫琺瑯團花蓋罐（1736-1795）	266
146.	清 乾隆 畫琺瑯西洋人物瓶（1736-1795）	267
147.	清 畫琺瑯西洋風景六方蓋罐（1736-1795）	268
148.	清 乾隆 畫琺瑯花卉高足蓋杯（1736-1795）	269
149.	清 畫琺瑯鳳紋高足把杯（十八世紀後期）	270
150.	清 嘉慶 畫琺瑯西洋人物鼻煙壺（1796-1820）	271
151.	清 康熙 內填琺瑯番蓮碗（1662-1722）	272
152.	清 乾隆 內填琺瑯番蓮碗（1736-1795）	273
153.	清 乾隆 內填琺瑯番蓮紋蓋碗（1736-1795）	274
154.	清 乾隆 內填琺瑯番蓮紋提籃（1736-1795）	275
155.	清 乾隆 內填琺瑯番蓮紋五供一組（1736-1795）	276
156.	清 乾隆 內填琺瑯西方仕女把壺、盃、盤（1736-1795）	277
157.	清 乾隆 內填琺瑯番蓮紋瓶（1736-1795）	281
158.	清 乾隆 內填琺瑯嵌寶高足蓋碗（1736-1795）	282
159.	清 內填琺瑯獸面紋方觚（十八世紀後期）	284
160.	清 乾隆 內填琺瑯拐子龍紋瓶（1736-1795）	285
161.	清 內填琺瑯拐子龍紋盒瓶（1736-1795）	286
162.	清 乾隆 內填琺瑯海棠式盒（1736-1795）	287
163.	清 內填琺瑯貼金郎爐、瓶、盒（1736-1795）	288
164.	清 內填琺瑯纍絲盒（十八世紀後期-十九世紀）	290

List of Plates

1. Cloisonne' box with lotus-spray decoration
   Ching-t'ai reign (1450-1456) ·················66
2. Cloisonne' censer with dragon handles and lotus-spray decoration
   Middle to second Half of 15th century ·················67
3. Cloisonne' flower stand with deer-and-crane decoration
   and Ching-t'ai reign mark Late 15th to Early 16th centuries ·················68
4. Cloisonne' tsun vessel with grapevine decoration and Ching-t'ai reign mark
   Early 16th century ·················70
5. Cloisonne' censer with grapevine decoration
   Early 16th century ·················71
6. Cloisonne' tsun vessel with k'uei-dragon decoration
   First half of 16th century ·················72
7. Cloisonne' censer in the shape of a waterfowl
   First half of 16th century ·················74
8. Cloisonne' bowl with illustration of lions at play
   Mid-16th century ·················75
9. Cloisonne' vase decorated with the symbols of the Three Abundances Second
   half of 16th century ·················76
10. Cloisonne' mei-p'ing vase with floral decoration and Ching-t'ai reign mark Second
    half of 16th century ·················78
11. Cloisonne' plate decorated with two dragons
    Wan-li reign (1573-1615) ·················79
12. Cloisonne' tsun vessel with three goat heads and Ching-t'ai reign mark
    First half of 17th century ·················80
13. Cloisonne' ku beaker with dragon-and-phoenix decoration and Ching-t'ai reign mark
    First half of 17th century ·················81
14. Cloisonne' flask-shaped vessel in the shape of a gourd
    First half of 17th century ·················82
15. Cloisonne' censer with hornless-dragon handles and Ching-t'ai reign mark
    First half of 17th century ·················83
16. Cloisonne' flask with dragon handles and Ching-t'ai reign mark
    First half of 17th century ·················84
17. Cloisonne' basin with hornless-dragon handles and Hsuan-te reign mark
    First half of 17th century ·················85
18. Cloisonne' basin with elephant-feet and Ching-t'ai reign mark
    First half of 17th century ·················86
19. Cloisonne' vase with coiled dragon and Ching-t'ai reign mark
    First half of 17th century ·················87
20. Cloisonne' water container with ladle, lotus-spray decoration,
    and Ching-t'ai reign mark Mid-17th century ·················88
21. Cloisonne' brush holder

22. Cloisonne' fang vessel with flower-and-bird decoration
    Mid-17th century ·· 90
23. Cloisonne' square vase with Ching-t'ai reign mark
    Second half of 17th century ·· 92
24. Cloisonne' flower pot with Ching-t'ai reign mark
    Second half of 17th century ·· 94
25. Cloisonne' box with lotus-spray decoration
    K'ang-hsi reign (1662-1722) ··· 96
26. Cloisonne' censer with two rings and plum-blossom decoration
    K'ang-hsi reign (1662-1722) ··· 97
27. Pair of cloisonne' candle stands with plum-blossom decoration
    K'ang-hsi reign (1662-1722) ··· 98
28. Pair of cloisonne' vases with plum-blossom decoration
    K'ang-hsi reign (1662-1722) ··· 99
29. Cloisonne' tou vessel with phoenix handles
    Yung-cheng reign (1723-1735) ··· 102
30. Cloisonne' tou vessel with phoenix handles
    Ch'ien-lung reign (1736-1795) ··· 103
31. Cloisonne' basin with elephant handles and Ching-t'ai reign mark
    Ch'ien-lung reign (1736-1795) ··· 104
32. Cloisonne' censer in the shape of a lotus
    Ch'ien-lung reign (1736-1795) ··· 105
33. Cloisonne' chueh vessel and saucer
    Ch'ien-lung reign (1736-1795) ··· 106
34. Cloisonne' ewer decorated with female figures
    Ch'ien-lung reign (1736-1795) ··· 108
35. Cloisonne' to-mu ewer
    Ch'ien-lung reign (1736-1795) ··· 110
36. Cloisonne' butter-tea jar
    Ch'ien-lung reign (1736-1795) ··· 112
37. Cloisonne' vase with illustration of Western mother and child
    Ch'ien-lung reign (1736-1795) ··· 114
38. Cloisonne' covered jar decorated with Western figures
    Ch'ien-lung reign (1736-1795) ··· 115
39. Cloisonne' covered jar with floral decoration
    Ch'ien-lung reign (1736-1795) ··· 116
40. Cloisonne' jar with hornless-dragon handles
    Ch'ien-lung reign (1736-1795) ··· 117
41. Cloisonne' snuffbox decorated with Western figures
    Ch'ien-lung reign (1736-1795) ··· 118

42. Cloisonne' ewer in the shape of a waterfowl
    Ch'ien-lung reign (1736-1795) ··119

43. Cloisonne' animal-shaped tsun vessel
    Ch'ien-lung reign (1736-1795) ··120

44. Cloisonne' wheeled bird-shaped tsun vessel
    Ch'ien-lung reign (1736-1795) ··122

45. Cloisonne' frame with poem by Emperor Ch'ien-lung
    Ch'ien-lung reign (1736-1795) ··123

46. Cloisonne' wall-vase with floral decoration
    Ch'ien-lung reign (1736-1795) ··124

47. Cloisonne' wall-vase with k'uei-dragon decoration
    Ch'ien-lung reign (1736-1795) ··125

48. Cloisonne' wall-vase with flower-and-fruit decoration
    Ch'ien-lung reign (1736-1795) ··126

49. Cloisonne' square ku beaker with animal-mask decoration
    Ch'ien-lung reign (1736-1795) ··127

50. Drawer of cloisonne' bowls with k'uei-dragon decoration
    Ch'ien-lung reign (1736-1795) ··128

51. Cloisonne' mirror with k'uei-dragon decoration
    Ch'ien-lung reign (1736-1795) ··129

52. Cloisonne' flask
    Ch'ien-lung reign (1736-1795) ··130

53. Cloisonne' stationery set with dragon decoration
    Ch'ien-lung reign (1736-1795) ··132

54. Cloisonne' tou vessel decorated with animal figures
    Ch'ien-lung reign (1736-1795) ··137

55. Pair of cloisonne' candle stands
    Ch'ien-lung reign (1736-1795) ··138

56. Cloisonne' dish with Sanskrit motif
    Ch'ien-lung reign (1736-1795) ··139

57. Cloisonne' chih vessel with animal-mask decoration
    Ch'ien-lung reign (1736-1795) ··140

58. Cloisonne' yen vessel with animal-mask decoration
    Ch'ien-lung reign (1736-1795) ··141

59. Cloisonne' square ting vessel with animal-mask decoration
    Ch'ien-lung reign (1736-1795) ··142

60. Cloisonne' pen-pa ewer
    Ch'ien-lung reign (1736-1795) ··144

61. Cloisonne' ewer with dragon-and-phoenix handle
    Ch'ien-lung reign (1736-1795) ··145

62. Cloisonne' yu vessel with loop handle and animal-mask decoration

Ch'ien-lung reign (1736-1795) ·················146

63. Cloisonne' flask with lotus-scroll decoration
    Ch'ien-lung reign (1736-1795) ·················147
64. Cloisonne' eight-sided vase with phoenix decoration
    Ch'ien-lung reign (1736-1795) ·················148
65. Cloisonne' flask with a scene from the "Ode on the Red Cliff"
    Ch'ien-lung reign (1736-1795) ·················150
66. Cloisonne' flask with scene of spring cultivation
    Ch'ien-lung reign (1736-1795) ·················151
67. Cloisonne' flask-shaped vessel
    Ch'ien-lung reign (1736-1795) ·················152
68. Cloisonne' mei-p'ing vase decorated with fringes
    Ch'ien-lung reign (1736-1795) ·················153
69. Pair of cloisonne' lions
    Ch'ien-lung reign (1736-1795) ·················154
70. Cloisonne' wheeled bird-shaped tsun vessel
    Ch'ien-lung reign (1736-1795) ·················156
71. Cloisonne' jar with lotus-pond decoration
    Ch'ien-lung reign (1736-1795) ·················158
72. Cloisonne' double-lozenge box
    Ch'ien-lung reign (1736-1795) ·················159
73. Cloisonne' Chinese-chess box
    Ch'ien-lung reign (1736-1795) ·················160
74. Cloisonne' stem bowl with Sanskrit motif
    Ch'ien-lung reign (1736-1795) ·················161
75. Cloisonne' spittoon
    Ch'ien-lung reign (1736-1795) ·················162
76. Pair of cloisonne' water containers
    Mid-19th century ·················163
77. Painted enamel water container with lotus-flower decoration
    K'ang-hsi reign (1662-1722) ·················164
78. Small painted enamel box with floral decoration
    K'ang-hsi reign (1662-1722) ·················165
79. Painted enamel bowl with floral decoration on purple background
    K'ang-hsi reign (1662-1722) ·················167
80. Painted enamel vase with floral decoration
    K'ang-hsi reign (1662-1722) ·················168
81. Painted enamel water container with plum-blossom decoration
    K'ang-hsi reign (1662-1722) ·················170
82. Painted enamel five-lobed box with floral decoration
    K'ang-hsi reign (1662-1722) ·················172

83. Painted enamel eight-lobed box with floral decoration
    K'ang-hsi reign (1662-1722) ·······173
84. Painted enamel cup and saucer with floral decoration
    K'ang-hsi reign (1662-1722) ·······174
85. Painted enamel vase with floral decoration
    K'ang-hsi reign (1662-1722) ·······176
86. Painted enamel vase with floral decoration
    K'ang-hsi reign (1662-1722) ·······178
87. Pair of painted enamel Kuanyin tsun vessel with longevity and happiness motif
    K'ang-hsi reign (1662-1722) ·······180
88. Painted enamel spittoon with peony decoration
    K'ang-hsi reign (1662-1722) ·······182
89. Painted enamel covered bowl with lotus-blossom decoration
    K'ang-hsi reign (1662-1722) ·······184
90. Painted enamel square ewer with peony decoration
    K'ang-hsi reign (1662-1722) ·······186
91. Painted enamel square ewer with chrysanthemum decoration
    K'ang-hsi reign (1662-1722) ·······187
92. Painted enamel box with floral decoration
    K'ang-hsi reign (1662-1722) ·······188
93. Painted enamel dish in the shape of a lotus flower
    K'ang-hsi reign (1662-1722) ·······190
94. Painted enamel plate with phoenix decoration
    K'ang-hsi reign (1662-1722) ·······192
95. Painted enamel square plate
    K'ang-hsi reign (1662-1722) ·······194
96. Painted enamel snuffbox with plum-blossom decoration
    K'ang-hsi reign (1662-1722) ·······196
97. Painted enamel snuffbox with peony-and-lotus decoration
    Yung-cheng reign (1723-1735) ·······197
98. Painted enamel plate with flower-and-butterfly decoration
    Yung-cheng reign (1723-1735) ·······198
99. Painted enamel vase decorated with coiled dragon
    Yung-cheng reign (1723-1735) ·······200
100. Painted enamel ewer with ebony handle
    Yung-cheng reign (1723-1735) ·······201
101. Painted enamel round box with happiness and longevity motif
    Yung-cheng reign (1723-1735) ·······202
102. Painted enamel round box with plum-blossom-and-fowl decoration
    Yung-cheng reign (1723-1735) ·······203
103. Painted enamel basin with flower-and-bird decoration

   Yung-cheng reign (1723-1735) ·· 204

104. Painted enamel refuse vessel with floral decoration
   Yung-cheng reign (1723-1735) ·· 206

105. Painted enamel cup and saucer with happiness and longevity motif
   Yung-cheng reign (1723-1735) ·· 208

106. Painted enamel string-joined stacked boxes with cloud decoration
   Yung-cheng reign (1723-1735) ·· 210

107. Painted enamel covered jar with flower-and-butterfly decoration
   Yung-cheng reign (1723-1735) ·· 212

108. Painted enamel covered jar decorated with a painted sash
   Yung-cheng reign (1723-1735) ·· 214

109. Painted enamel covered jar decorated with a painted sash
   Ch'ien-lung reign (1736-1795) ·· 216

110. Painted enamel square ewer with chrysanthemum decoration
   Ch'ien-lung reign (1736-1795) ·· 218

111. Painted enamel square ewer with peony decoration
   Ch'ien-lung reign (1736-1795) ·· 219

112. Painted enamel vase with illustration of reed flowers and wild geese
   Ch'ien-lung reign (1736-1795) ·· 220

113. Painted enamel amphora with flower-and-bird decoration
   Ch'ien-lung reign (1736-1795) ·· 222

114. Painted enamel round ewer
   Ch'ien-lung reign (1736-1795) ·· 224

115. Painted enamel covered jar decorated with landscape scenes
   Ch'ien-lung reign (1736-1795) ·· 226

116. Painted enamel covered jar with flower-and-bird decoration
   Ch'ien-lung reign (1736-1795) ·· 228

117. Painted enamel refuse vessel decorated with landscape scenes
   Ch'ien-lung reign (1736-1795) ·· 230

118. Painted enamel ewer with loop handle and illustration of Western mother and child
   Ch'ien-lung reign (1736-1795) ·· 232

119. Painted enamel jar with illustration of Western mother and child
   Ch'ien-lung Reign (1736-1795) ·· 234

120. Painted enamel Kuanyin vase decorated with Western figures
   Ch'ien-lung reign (1736-1795) ·· 235

121. Painted enamel dish decorated with Western figures
   Ch'ien-lung reign (1736-1795) ·· 236

122. Painted enamel dish with illustration of Western figures in pastoral scene
   Ch'ien-lung reign (1736-1795) ·· 237

123. Painted enamel covered box with ching-chih mark
   Ch'ien-lung reign (1736-1795) ·· 238

124. Painted enamel joined covered jars
    Ch'ien-lung reign (1736-1795) ·················239
125. Painted enamel covered bowl and tray with interlocking floral decoration
    Ch'ien-lung reign (1736-1795) ·················240
126. Painted enamel covered jar with rings, animal handles, and thunder decoration
    Ch'ien-lung reign (1736-1795) ·················242
127. Painted enamel ewer-shaped covered jar
    Ch'ien-lung reign (1736-1795) ·················243
128. Champleve'-imitating painted enamel refuse vessel
    Ch'ien-lung reign (1736-1795) ·················244
129. Painted enamel box in the shape of a lotus leaf
    Ch'ien-lung reign (1736-1795) ·················245
130. Painted enamel lotus petal-shaped covered jar with butterfly-and-insect decoration
    Ch'ien-lung reign (1736-1795) ·················246
131. Painted enamel covered bowl with Luo-han decoration
    Ch'ien-lung reign (1736-1795) ·················248
132. Painted enamel perfumery
    Ch'ien-lung reign (1736-1795) ·················250
133. Painted enamel flower-shaped tea tray
    Ch'ien-lung reign (1736-1795) ·················252
134. Painted enamel hand warmer with lobes
    Ch'ien-lung reign (1736-1795) ·················253
135. Painted enamel covered bowl decorated with landscape scenes and figures
    Ch'ien-lung reign (1736-1795) ·················254
136. Painted enamel censer, vase and box decorated with landscape scenes and figures
    Ch'ien-lung reign (1736-1795) ·················255
137. Nine painted enamel sundry dishes in covered box
    Ch'ien-lung reign (1736-1795) ·················258
138. Painted enamel plate imitating blue and white ware
    Ch'ien-lung reign (1736-1795) ·················259
139. Painted enamel yu vessel with loop handle and floral decoration
    Ch'ien-lung reign (1736-1795) ·················260
140. Painted enamel ku beaker with floral decoration
    Ch'ien-lung reign (1736-1795) ·················261
141. Painted enamel vase with cloud handles and Western figures
    Ch'ien-lung reign (1736-1795) ·················262
142. Painted enamel sauce pot decorated with a pair of butterflies
    Ch'ien-lung reign (1736-1795) ·················263
143. Painted enamel cup with flower-and-fungus decoration
    Ch'ien-lung reign (1736-1795) ·················264
144. Painted enamel vase with happiness and longevity motif

   Ch'ien-lung reign (1736-1795) ··265

145. Painted enamel covered jar with posy decoration
   Ch'ien-lung reign (1736-1795) ··266

146. Painted enamel vase decorated with Western figures
   Ch'ien-lung reign (1736-1795) ··267

147. Painted enamel six-sided covered jar decorated with Western landscape scenes
   Ch'ien-lung reign (1736-1795) ··268

148. Painted enamel covered stem cup with floral decoration
   Ch'ien-lung reign (1736-1795) ··269

149. Painted enamel stem cup with handle and phoenix decoration
   Ch'ien-lung reign (1736-1795) ··270

150. Painted enamel snuffbox decorated with Western figures
   Chia-ch'ing reign (1796-1820) ··271

151. Champleve' bowl with lotus-spray decoration
   K'ang-hsi reign (1662-1722) ··272

152. Champleve' bowl with lotus-spray decoration
   Ch'ien-lung reign (1736-1795) ··273

153. Champleve' covered bowl with lotus-spray decoration
   Ch'ien-lung reign (1736-1795) ··274

154. Champleve' basket with lotus-spray decoration
   Ch'ien-lung reign (1736-1795) ··275

155. Set of five champleve' altar pieces with lotus-spray decoration
   Ch'ien-lung reign (1736-1795) ··276

156. Champleve' ewer, cup and sauce decorated with Western female figures
   Ch'ien-lung reign (1736-1795) ··277

157. Champleve' vase with lotus-spray decoration
   Ch'ien-lung reign (1736-1795) ··281

158. Champleve' covered stem bowl inlaid with precious stones
   Ch'ien-lung reign (1736-1795) ··282

159. Champleve' square ku beaker with animal-mask decoration
   Ch'ien-lung reign (1736-1795) ··284

160. Champleve' vase with dragon decoration
   Ch'ien-lung reign (1736-1795) ··285

161. Champleve' vase-shaped box with dragon decoration
   Ch'ien-lung reign (1736-1795) ··286

162. Champleve' box in the shape of a begonia flower
   Ch'ien-lung reign (1736-1795) ··287

163. Champleve' censer, vase, and box gilded with gold
   Ch'ien-lung reign (1736-1795) ··288

164. Champleve' box with filigree work
   Late 18th to 19th centuries ··290

圖版及解說
Plates and Catalogue

1. 明 景泰 掐絲琺瑯番蓮紋盒

Cloisonné box with lotus-spray decoration
Ching-t'ai reign (1450-1456)
中琺 01.10.000714 中 1173
高 6.3cm 口徑 12.4cm 重 634.6g

　　銅胎，蓋與器身鑄成浮雕式八瓣蓮花形，器外施淺藍釉為地色，蓋頂平坦飾蓮心紋，蓋壁與器身各蓮瓣內飾以不同顏色的折枝番蓮花葉，矮圈足；底及盒內光素鍍金，盒心陰刻「大明景泰年製」自右向左一行楷書款。

　　此盒紋飾中的花瓣豐滿、同一葉上往往施二至三種顏色、胎體厚重、釉層深厚以及掐絲末端以隱藏的方式處理，均具早期掐絲琺瑯的特色，而且落款的方式與當時漆器瓷器落款的特色也相同，無可置疑的是景泰年間製作之真品。

　　此件文物曾於西元1996年赴美參加中華瑰寶巡迴展、1998年參加巴黎「帝國的回憶」展。

2. 明 掐絲琺瑯番蓮紋龍耳爐

Cloisonné censer with dragon handles and lotus-spray decoration
Middle to second Half of 15th century
稱八五 09 故琺 01.10.000988 院 2967
高 8.2cm 口徑 11.3cm 重 769.9g

　　銅胎，口稍侈，垂腹，外撇圈足，兩側附龍首耳，器形係仿商周青銅器中簋的形制。爐內口緣附近鍍金餘露胎，器表藍釉地飾兩圈轉枝番蓮紋，圈足飾覆蓮瓣紋，圈足內壁兩階式，與底均光素鍍金。根據紋飾風格、胎體厚重、釉層深厚及花瓣掐絲末端的處理方式，應是十五世紀中後期的文物。

　　此件文物曾於西元 1996 年赴美參加中華瑰寶巡迴展。

3. 明 景泰款掐絲琺瑯鹿鶴長春花插

Cloisonné flower stand with deer-and-crane decoration and Ching-t'ai reign mark
Late 15th to Early 16th centuries
呂一八四七 38 故琺 01.10.000761 院 1981
高 18.9cm 口徑 8.0cm 重 628.8g

　　銅胎，筒狀器身，口套箍七孔蓋，矮圈足下鑲接三狻猊形足，器身一側鑲浮雕式鍍金夔龍。器內露胎，器表淺藍釉地掐絲竹鶴雙清、芭蕉、雙鹿、湖石、靈芝等紋飾，簡化式雲紋填白，器底鍍金陰刻填黑「大明景泰年製」一行無框楷書偽款。根據紋飾風格、掐絲末端已見捲曲的方式處理、及出現簡化的雲紋錦地等理由，應是十五世紀末十六世紀初的文物。

明清琺瑯工藝 69

4. 明 景泰款掐絲琺瑯葡萄紋尊

Cloisonné tsun vessel with grapevine decoration and Ching-t'ai reign mark

Early 16th century

雨九九一 故琺 01.10.001007 院 2912

高 22.3cm 口徑 12.6cm 重 2639.2g

　　銅胎，侈口，筒頸，平肩，斂腹，撇圈足下附三狻猊形足，器側上方鑲螭龍下方鑲鷹。器內露胎，侈口內壁鍍金外飾蕉葉紋，口的邊沿陰刻回紋，頸部中間裝飾一圈掐絲五瓣花葉、上下各鑴一周夔龍和蓮瓣；肩與腹部白地以卷鬚為錦，肩飾如意雲頭紋，腹飾葡萄紋及一圈仰蓮瓣。階梯式圈足飾兩周轉枝花葉，底鍍金中央陰刻羯磨杵紋，邊緣陰刻「景泰年製」一行楷書偽款，根據紋飾風格、花瓣掐絲的處理方式及卷鬚錦等原因，斷定其是十六世初期的文物。

5. 明 掐絲琺瑯葡萄紋爐

Cloisonné censer with grapevine decoration
Early 16th century
中琺 01.10.0001001 中 1230
高 9.0cm 口徑 10.2cm 重 557.2g

　　銅胎，口鑲寬邊，附三股繩紋式立耳，器腹雙層，底凸出乳足三。器形是摹仿商周炊粥、盛粥之器鬲的形制。器內鍍金，口沿面刻轉枝葉片邊刻卷鬚，器表淺藍地，頸飾五瓣花葉，腹飾葡萄紋，三足間底部裝飾菊花。根據紋飾風格、花瓣掐絲的處理方式，應是十六世紀初期文物。

明清琺瑯工藝 71

6. 明 掐絲琺瑯夔龍紋尊

Cloisonné *tsun* vessel with *k'uei*-dragon decoration
First half of 16th century
呂一八四七 64 故琺 01.11.000818 院 2005
高 10.9cm 口徑 11.8cm 重 481.5g

　銅胎，侈口，豐肩，鼓腹，外撇圈足渣斗式尊。除了肩與上腹的內壁露胎外，全器內外均藍地並掐絲紋飾，侈口內飾轉枝番蓮紋，外飾佛教八寶及轉枝番蓮紋，尊內頸部飾一圈縱走平行菊瓣紋、下腹及底為繡球紋；器外頸肩處、腹下方和圈足處，飾仰俯蓮瓣紋，腹面雲紋錦飾夔龍吐蓮紋二，圈足內裝飾轉枝五瓣花葉，底飾番蓮一朵。從掐絲末端捲曲的處理，以及夔龍、蓮瓣的形制與透明釉色等理由，斷定其是十六世前期的文物。附紫檀木座。

7. 明 掐絲琺瑯鳧式爐

Cloisonné censer in the shape of a waterfowl
First half of 16th century
雨八九四 故琺 01.10.001005 院 2912
高 24.0cm 長 25.0cm 重 1953.5g

　　銅胎，爐蓋與器身在鳧腹處套合，焚香經鳧頸自口溢出。器內露胎，外表除鳧嘴及足蹼外，全身施掐絲羽毛，釉層厚、透明而略龜裂，釉面頗多焊藥的污斑，掐絲流暢然鏽蝕嚴重。座的上層掐絲纏枝菊花，下層的面陰刻轉枝忍冬紋，壁飾淺浮雕番蓮花，底中央陰刻「甲」字，應係乾隆朝作文物評鑑的記號。根據濃厚透明寶藍、淺藍、墨綠及特殊黃褐色的琺瑯釉等理由，斷定其是十六世紀前期的文物。

8. 明 掐絲琺瑯獅戲圖碗

Cloisonné bowl with illustration of lions at play

Mid-16th century

中琺 01.10.000367 中 1222

高 8.0cm 口徑 17.3cm 重 633.5g

　　銅胎，侈口，豐腹，外撇圈足。全器除內外碗口飾一圈白地五彩轉枝花葉外，均為淺藍地，內壁為雲紋錦中飾三對獅戲球紋，碗底周圍裝飾一圈蓮瓣，碗心飾一天馬飛奔於水波和五彩雲紋之間；外壁飾兩圈轉枝番蓮紋、一圈蓮瓣紋，圈足以枝葉與變形雲紋裝飾，碗底鍍金。由於變形雲紋錦、掐絲末端捲曲的處理與透明黃褐色釉等理由，斷定其是十六世紀中前期的文物。

　　此件文物曾於西元1996年赴美參加中華瑰寶巡迴展。

9. 明 掐絲琺瑯三多瓶

Cloisonné vase decorated with the symbols
of the Three Abundances

Second half of 16th century

往――02 故琺 01.10.000619 院 2162

高 42.5cm 腹徑 23.0cm 重 2950g

　　銅胎，捲口，長頸，梨腹，圈足。瓶內露胎，外表藍地飾雲紋錦地，瓶腹裝飾佛手、桃樹和石榴樹花果各壹棵，並佈列五彩品字雲紋和蝴蝶穿梭其間，腹下方有湖石及仰蓮瓣紋一圈，圈足飾五瓣花朵。根據掐絲方式、錦地、吉祥紋飾和紫藍釉色，應屬十六世紀後期的文物。

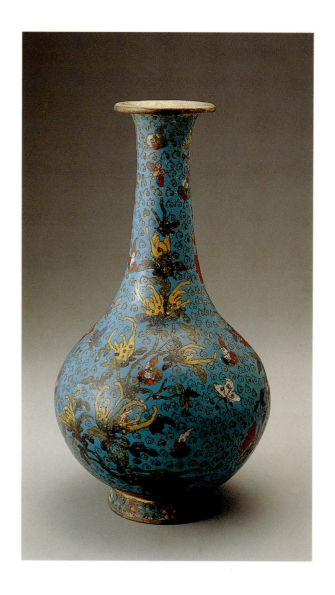 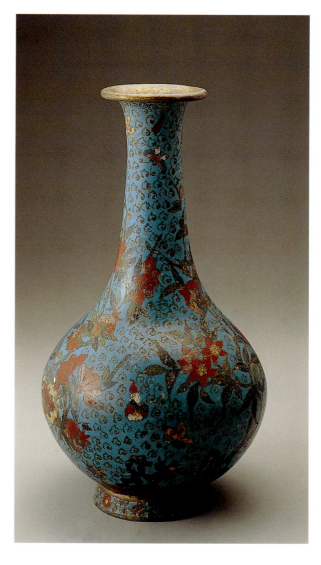

10. 明 景泰款掐絲琺瑯花卉梅瓶

Cloisonné *mei-p'ing* vase with floral decoration and Ching-t'ai reign mark

Second half of 16th century

中琺 01.10.000151 中 1227

高 27.4cm 肩寬 15.6cm 重 1513.9g

　　銅胎，略侈口，短頸，豐肩，斂腹，底外撇。器內露胎，器外藍釉地並佈雲紋錦，瓶腹兩面分別裝飾紅、藍菊叢和一把蓮紋飾，蝴蝶、蜻蜓和白鶴飛翔其間，並點綴五彩的品字雲朵，近底處飾湖石。底鑄去地陽文「景泰年製」方框楷書偽款，根據錦地、紋飾、紫藍色釉和掐絲方式，屬十六世紀後期製作之器物。

11. 明 萬曆 掐絲琺瑯雙龍盤

Cloisonné plate decorated with two dragons
Wan-li reign (1573-1615)
崑二二八7 故琺 01.10.000618 院 2162
高 7.1cm 口徑 48.0cm 重約 3610g

　　銅胎，菊瓣式折沿斜壁平底矮圈足大盤。盤沿菊瓣內掐絲五瓣花及葉片，依次循環填飾紅、白、粉紅、藍及黃色共四十瓣。內壁淺藍地佈倒草莓紋錦，飾以七珍八寶，五色如意雲頭紋圍繞盤心，中央壽字的上下左右飾卍紋，兩旁紅、黃色降龍昂首舉單足拱壽，雙龍四周滿佈五色祥雲。盤外壁淺藍地以草莓紋為錦，飾番蓮、回紋、轉枝花各一圈。盤底中央掐絲填紅「大明萬曆年造」二行楷書款，周飾五色雲紋。掐絲粗細均勻然鏽蝕，龍紋的形制和濃郁的色彩，都與萬曆時期瓷器之特色相同。

　　此件文物曾於西元1996年赴美參加中華瑰寶巡迴展。

明清琺瑯工藝　79

12. 明 景泰款掐絲琺瑯三羊尊

Cloisonné *tsun* vessel with three goat heads and ching-t'ai reign mark

Early 17th century

往——0 19 故琺 01.10.000623 院 2069

高 39.5cm 腹寬 23.0cm 重 4275.0g

　　銅胎，侈口，削肩，球腹，高而外撇的圈足，肩周圍鑲三鍍金羊首。器內露胎，器表淺藍地，頸飾對龍對鳳，肩佈雲紋錦飾轉枝花及梅花，腹部雲紋錦間飾松竹梅歲寒三友、湖石及山雀兩對，圈足裝飾拐子龍。底鑄去地陽文「大明景泰年製」長方框楷書偽款。根據豆青綠釉及紋飾風格，應屬十七世紀初期的文物。

13. 明 景泰款掐絲琺瑯龍鳳紋觚

Cloisonné *ku* beaker with dragon-and-phoenix decoration and Ching-t'ai reign mark

First half of 17th century

中琺 01.10.000678 中 1149

高 39.7cm 口徑 21.7cm 重 2371.0g

　　銅胎，仿古銅器觚的形制，喇叭口，腹鼓形，底外撇，鑲拐子龍紋鏤空稜脊四。器內露胎，器表藍地，口頸內壁飾轉枝番蓮兩圈，外壁飾番蓮及對鳳四組，腹佈飾雷紋及蟠龍四對，下部蕉葉內飾鳳首四組。底鑄去地陽文「景泰年製」方框楷書偽款。根據鏤空方式的裝飾、紋飾及豆青釉等特色，斷定其為十七世紀前期的文物。

明清琺瑯工藝

14. 明 掐絲琺瑯葫蘆式扁瓶

Cloisonné flask-shaped vessel in the shape of a gourd

First half of 17th century

稱九四七 14 故琺 01.10.000750 院 2955

高 24.0cm 腹寬 15.2cm 重 889.5g

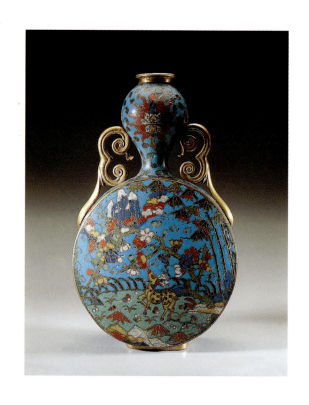

銅胎，圓唇口，壺身上截圓而下斂，下截圓而扁平，器側鑲鍍金雲紋式耳，長方而四角圓之矮足。器內露胎，器表藍地，上腹及下腹的兩側飾番蓮紋；下腹前後壺面佈雲紋錦，一面飾壽山福海、桃樹、仙鶴銜桃及宮殿屋簷等紋，寓意海屋添壽；另面為梅竹、仙山、祥雲和瑞鹿，「竹」諧音「祝」，梅花是正月盛開的花卉，故寓意祝賀新春，又組合背面的仙鶴，表示鹿鶴(六合)同春，意謂天下皆春，欣欣向榮。此類器型與瓷器的綬帶葫蘆瓶相同，應是受中亞文化的影響。根據紋飾內容、風格、及豆青釉等特徵，應屬明末十七世紀前期的文物。

此件文物曾於西元 1998 年參加巴黎「帝國的回憶」展。

15. 明 景泰款掐絲琺瑯螭耳爐

Cloisonné censer with hornless-dragon handles and Ching-t'ai reign mark

First half of 17th century

中琺 01.10.000657 中 1187

高 28.3cm 寬 29.6cm 重約 4995g

　　銅胎，全器由鏤空夔龍蓋、鏤空拐子龍立頸及爐身套接成，爐身飾掐絲轉枝番蓮紋，立雕鍍金的一對螭攀附在爐的平折邊沿；象首形的立足鼎立，美觀的鏤空設計，可讓焚香四溢。爐底鑄去地陽文「景泰年製」楷書款，根據番蓮紋的式樣及鏤空方式的裝飾，應屬十七世紀前期落景泰偽款之器。院藏另一件幾乎完全相同的文物，則落宣德年製偽款。

　　此件文物曾於西元1996年赴美參加中華瑰寶巡迴展。

16. 明 景泰款掐絲琺瑯龍耳扁壺

Cloisonné flask with dragon handles and
Ching-t'ai reign mark
First half of 17th century
稱九四七6 故琺 01.10.000746 院 2955
高 27.1cm 腹寬 19.1cm 重 2000.5g

　　銅胎，立口，筒頸，削肩，扁腹，圈足，龍耳扁壺。器內露胎，壺外藍地雲紋錦，頸飾桃實，腹一面飾桃樹花果，另面為寶相花，器側飾五彩祥雲，底鑄去地陽文「景泰年製」方框、填黑地篆書偽款。係十七世紀前期應市場供需所做的產品。

　　此型壺也稱為背瓶，清代稱之寶（抱）月壺，原本應由皮革製成，便於騎馬外出時攜帶。

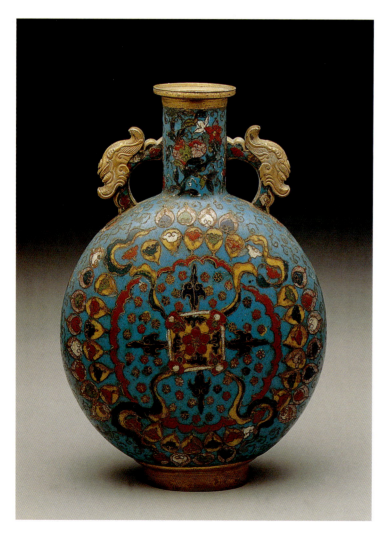

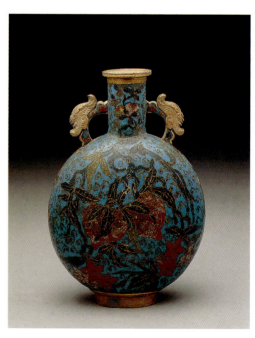

17. 明 宣德款掐絲琺瑯螭耳洗

Cloisonné basin with hornless-dragon handles and Hsuan-te reign mark
First half of 17th century
中琺 01.10.000713 中 1173
高 8.7cm 口徑 31.5cm 重約 4630g

　　銅胎，折沿，壁外鼓，平底，外撇圈足附雲紋式足三，雙螭爬附在陰刻卷草紋的鍍金口沿。洗內壁白地佈草莓紋錦，飾天馬間寶相花各四；洗底周圍飾雲紋及轉枝花各一圈，當中綠地草莓錦中飾雙鳳及花朵，外壁藍紫地草莓錦間飾紅白梅花，圈足飾轉枝花，洗底露胎，中央鑄去地陽文「大明宣德年製」長方框三行楷書偽款。根據錦地、紋飾及釉色等特點，應屬明代末期之文物。

明清琺瑯工藝

18. 明 景泰款掐絲琺瑯象足洗

Cloisonné basin with elephant-feet and Ching-t'ai reign mark

First half of 17th century

呂五三五 54 故琺 01.10.000403 院 2437

高 10.4cm　口徑 19.3cm　重 2060g

　　銅胎，侈口，斜壁，平底，螭耳，象足。洗內鍍金，器表藍地飾轉枝番蓮；洗底邊緣飾一圈如意雲頭紋，次圈為轉枝番蓮間七珍，中央深灰青地掐絲填藍「景泰年製」圓框楷書款。就釉色及落款方式應屬十七世紀前期文物。

19. 明 景泰款掐絲琺瑯蟠龍瓶

Cloisonné vase with coiled dragon and Ching-t'ai reign mark

First half of 17th century

往一一六9 故琺 01.10.000594 院 2487

高 40.5cm 腹徑 25.0cm 重約 3630g

　　銅胎，仿宋瓷中器形線條優雅的玉壺春瓶形制，侈口，細頸，削肩，球腹，圈足。器表施藍釉為地，口緣下飾三圈五彩如意雲頭紋，全器飾五周各色的橫「S」形轉枝番蓮紋，瓶頸盤一高浮雕式鍍金龍。底鑄去地陽文「景泰年製」方框楷書偽款，應屬十七世紀期前期的文物。

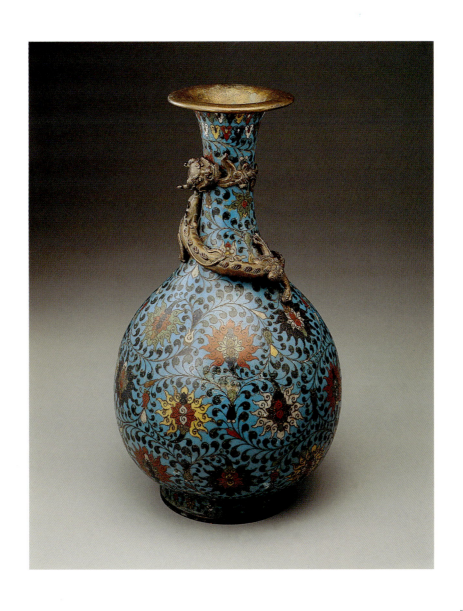

明清琺瑯工藝　87

20. 明-清 景泰款掐絲琺瑯番蓮水盛附勺

Cloisonné water container with ladle, lotus-spray decoration, and Ching-t'ai reign mark

Mid-17th century

呂一八四七 33 故琺 00.10.000760 院 1981

高 9.1cm 最大徑 8.0cm 連勺重 557.4g

　　銅胎，圓筒式水盛，上方鑲陰刻轉枝番蓮及菊瓣檐之鍍金口，下方接鑲有連珠紋一圈及卷草紋矮足五的器底。器內露胎，外表淺藍地飾轉枝番蓮，底部陰刻「景泰年製」無框楷書偽款。以掐絲梅花紋之殘器，上、下各接龍首及圓匙為水勺。就菊瓣和龍首等金工裝飾，及轉枝上頗多卷鬚等特色，應為明末清初的文物。附紫檀木座。

21. 明 - 清 掐絲琺瑯筆架

Cloisonné brush holder

Mid-17th century

金——0 135 故琺 07.00.000936 院 1964

高 4.8cm　長 12.1cm　重 150.9g

　　銅胎，山巒形下鑲鍍金座筆架，或直接稱為筆山。藍地飾掐絲轉枝花卉，座底光素。根據釉色及雙鉤掐絲的卷鬚，應是明末清初之文物。

22. 明 - 清 掐絲琺瑯花鳥鈁

Cloisonné *fang* vessel with flower-and-bird decoration

Mid-17th century

中琺 01.10.000924 中 1182

高 40.2cm 口邊長 14.1cm 重約 3715.0g

　　銅胎，器形係仿戰國和漢代時期的清銅器方壺，或簡稱為鈁的形制，原為盛酒之器。方口垂腹外撇的方形足，器側鑲一對鋪首環耳。器內露胎，器表藍地，口沿下方、肩及腹下方各有一圈飾朵花的帶紋，頸飾轉枝番蓮，腹四方於雲紋錦地間裝飾不同的花卉（牡丹蠟梅繡球等）、鳥、蝶和湖石等，外侈的足上飾壽山福海、天馬、祥雲等吉祥紋飾。由於裝飾牡丹、繡球、蠟梅等紋飾、釉色及雙鉤轉枝番蓮的出現，應屬明末清初的文物。

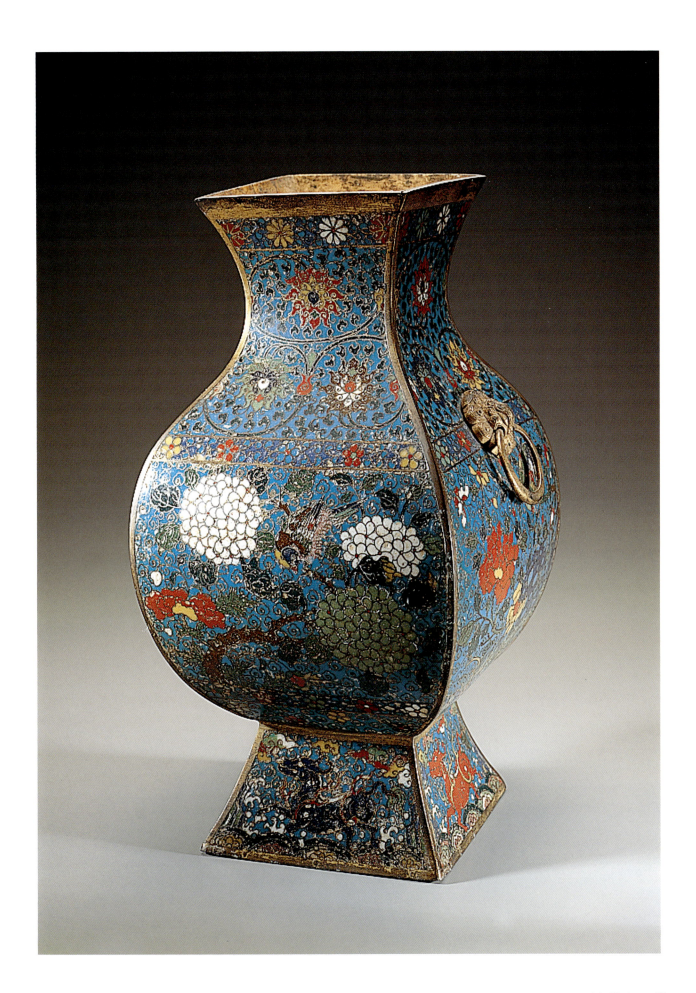

明清珐琅工艺 91

23. 清 景泰款掐絲琺瑯方瓶

Cloisonné square vase with Ching-t'ai reign mark

Second half of 17th century

稱九五九 故琺 01.10.000719 院 2934

高 53.5cm 肩寬 6.2cm 口徑 13.1cm

重約 4825g

　　銅胎，略侈口，筒頸，肩方而四角斜，方腹下略斂，底內凹，俗稱為棒槌瓶。器內露胎，鍍金口壁陰刻回紋，器表淺藍地佈繡球紋錦，頸飾竹梅紋，器腹四方裝飾不同紋樣的博古圖，底陰刻雙鉤「景泰年造」雙行楷書偽款。器皿的形制、紋飾與清初大量外銷的黑地三彩瓷器風格一致，此屬康熙初期落景泰偽款之器。

明清珐琅工藝 93

24. 清 景泰款掐絲琺瑯花盆

Cloisonné flower pot with Ching-t'ai reign mark

Second half of 17th century

故琺 01.10.000673 中 1149

高 16.2cm 口徑 16.9cm 重 1782.4g

　　銅胎，雲頭紋式的盆口下箍飾竹節式環，侈口，垂腹，鏤空竹葉式的圈足。器內露胎，器表淺藍地，口沿飾紅白黃藍等色朵花，盆腹雲紋錦中裝飾牡丹、菊、蝶及湖石等，下方飾內含朵花的白地如意雲頭紋。底鑄去地陽文「景泰年製」雙行楷書偽款。根據器物紋飾風格、鏤空竹葉和釉色，應屬康熙初期的文物。

明清琺瑯工藝 95

25. 清 康熙 掐絲琺瑯番蓮紋盒

Cloisonné box with lotus-spray decoration

K'ang-hsi reign (1662-1722)

中琺 01.11.000966 中 1155

高 7.4cm 盒徑 10.8cm 重 977.6g

　　銅胎，直壁，器側鑲銜環鋪首的三足蓋盒。藍綠色地，蓋頂圈鈕內掐絲填藍團壽，器表飾轉枝番蓮紋，枝上的卷鬚採雙鉤掐絲表現，與版圖21、22相同，開乾隆朝幾乎完全以雙鉤掐絲表現莖與卷鬚之先河，上層一圈的番蓮花瓣中分，與瓷器上的雙犄牡丹紋飾相似；綠中泛藍的釉色也是清初琺瑯的特色之一。鍍金平底陰刻「大清康熙年製」無框三行楷書款。蓋與盒身鏽合無法啟開。

26. 清 康熙 掐絲琺瑯冰梅紋雙環爐

Cloisonné censer with two rings and plum-blossom decoration

K'ang-hsi reign (1662-1722)

中琺 01.11.000240 中 1155

高 7.6cm 口徑 7.5cm 足徑 8.0cm 重 543.5g

　　銅胎，直口鍍金邊，短頸，削肩，垂腹，矮圈足，雙肩附鍍金龍首環耳，器形是仿商周青銅器中盛食物的器皿簋的形制。器表淺藍地掐絲冰梅紋，梅花飾黃藍白及紅色，圈足飾一周與梅花同色的雲紋，鍍金底陰刻「康熙年製」無框雙行楷書款。器內露胎，另有銅質內膽套掛在口沿。

　　由康熙朝曾製做的梅花玉版箋、冰梅錦及諸多飾梅花紋樣的瓷器看來，冰梅紋應是當時風行的紋飾之一。

明清琺瑯工藝　97

27. 清 康熙 掐絲琺瑯冰梅紋燭臺 一對

Pair of cloisonné candle stands with plum-blossom decoration

K'ang-hsi reign (1662-1722)

中琺 01.11.000241-242 中 1155

高 10.6cm 足徑 4.4cm 盤徑 7.2cm

重 289.1-298.4g

　　銅胎，筒式燭阡上有孔供插蠟燭，燭阡下有承盤可接下滴之蠟油，下方為瓶形的燭臺座。全器為淺藍地掐絲康熙時期常見之冰梅紋，梅花飾黃藍白及紅色，圈足飾一周與梅花同色的雲紋，鍍金底陰刻「康熙年製」無框雙行楷書款。

28. 清 康熙 掐絲琺瑯冰梅紋瓶一對

Pair of cloisonné vases with plum-blossom decoration

K'ang-hsi reign (1662-1722)
中琺 01.11.000238-239 中 1155
高 21.9-24cm 足徑 5.8cm 腹徑 7.8cm
重 424.1-446.0g

　　銅胎，侈口，長頸，削肩，垂腹瓶，頸附夔龍環耳一對。淺藍地掐絲康熙時期常見之冰梅紋，梅花飾黃藍白及紅色，圈足飾一周與梅花同色的雲紋，鍍金底陰刻「康熙年製」無框雙行楷書款。瓶內插銅胎外髹色漆描金之靈芝一枝。

明清琺瑯工藝　99

明清珐琅工藝 100

明清珐琅工藝 101

29. 清 雍正 掐絲琺瑯鳳耳豆

Cloisonné *tou* vessel with phoenix handles
Yung-cheng reign (1723-1735)
列四二七 16 故琺 01.11.000116 院 1977
高 10.1cm 口徑 7.1cm 腹徑 8.8cm
足徑 4.6cm 重 327.6g

　　銅胎，覆盞式的蓋，蓋頂有唇口圓盤式鈕，蓋與器身合組成球狀器腹，器側鑲浮雕式鍍金鳳首銜環耳，環飾掐絲雲紋，高足；器形是仿春秋戰國時期盛食物之青銅器豆的形制。器內光素，器表除蓋、腹與圈足上共六圈掐絲回紋外，其餘滿飾大小圓圈紋（大圓圈內各含三個小圓圈），填墨綠色釉，小圓圈中央在綠釉上再點白釉，白釉大多燒失。鍍金底陰刻「雍正年製」無框雙行宋體字款。

　　掐絲粗細均勻、圓圈大小整齊畫一，精美無比，器形雋秀玲瓏爾雅，是目前所知唯一落雍正款的掐絲琺瑯器。

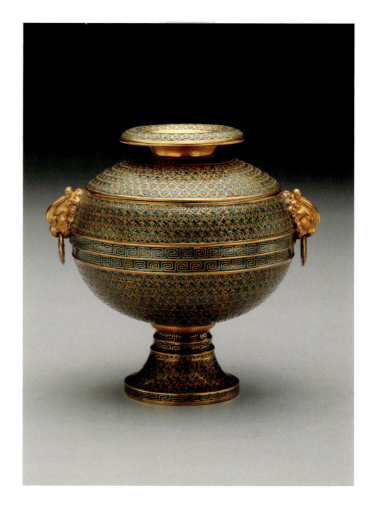

30. 清 乾隆 掐絲琺瑯鳳耳豆

Cloisonné *tou* vessel with phoenix handles

Ch'ien-lung reign (1736-1795)

列四二七四 4 故琺 01.11.000133 院 1977

高 10.3cm 口徑 7.2cm 腹徑 8.7cm 足徑 4.2cm

重 586.9g

　　金胎，形制裝飾與雍正朝掐絲琺瑯鳳耳豆完全相同。底陰刻「乾隆年製」。此器由於蓋與器腹大小不完全銜接，因此器形線條不如原器優美，並且掐絲也不及雍正朝者工整；不過小圓圈中的白釉幾乎完整無缺，可見窯燒的技術較雍正朝進步。

明清琺瑯工藝 103

31. 清 景泰款掐絲琺瑯象耳盂

Cloisonné basic with elephant handles and Ching-t'ai reign mark

First half of 18th century (1736-1795)

往一一六 25 故琺 01.11.000622 院 2069

高 14.0cm 口徑 16.2x14.3cm 重 1322.8g

　　銅胎，橢圓形侈口渣斗，器側鑲鍍金象首。器內露胎，侈口內壁藍地飾兩圈轉枝番蓮紋，外壁口沿下飾如意雲頭及圓圈紋，頸飾縱向平行菊瓣紋及雲紋等，器腹上下裝飾內含雲紋的蓮瓣一圈，中間四組對螭對龍紋，以雲紋和小圓圈填白；外撇的圈足飾轉枝花葉。底鑄去地陽文「景泰年製」雙行方框楷書偽款。根據紋飾風格、轉枝以流暢的雙鉤掐絲表現、泛黃的綠色釉，應屬十八世紀前期製作落景泰偽款的文物。（原錦匣書：景泰藍琺瑯雙耳盂）。

32. 清 乾隆 掐絲琺瑯蓮瓣式爐

Cloisonné censer in the shape of a lotus

Ch'ien-lung reign (1736-1795)
列五三一 1 故琺 01.11.000604 院 2008
高 6.0cm 腹徑 13.0cm 重 738.4g

　　銅胎，直口深壁缽式爐，器外鑄成淺浮雕式四重蓮瓣，器下方中央釘圓形金屬片為底，爐內鍍金，外表口沿下飾藍釉及掐絲填綠釉的豎弦紋各一圈，蓮瓣內掐絲垂番蓮花，填飾黃青紅三色釉，底淺藍地飾卷草紋。爐心中央陰刻「乾隆年製」一列楷書款。此器係仿明代一落大明景泰年製款的掐絲琺瑯蓮瓣式爐。

33. 清 乾隆 掐絲琺瑯爵、盤

Cloisonné *chueh* vessel and saucer

Ch'ien-lung reign (1736-1795)

中琺 01.11.001464 中 2203

通高 14.5cm 盤徑 17.9cm 重 1123.3g

爵係商周時期的飲酒器，也是最早出現的青銅禮器，後世仿古器常加托盤成套。

銅胎，蓮瓣柱頭，魚龍把，三足插立在托盤中央突起的爵座中。爵內施湖藍色釉，器外湖藍地滿飾纏枝花葉及四面開光，開光內繪山水風景、花蝶及母子圖。爵底三足間陰刻「乾隆年製」無框兩行楷書款。

折沿斜壁托盤，盤沿、盤心及中央爵座各飾三開光，分別繪折枝茶花菊花、母子圖和山水風景，以纏枝花葉填白；盤外壁飾兩圈纏枝花，鑲四片葉狀立足，盤底施湖藍釉，中央內凹處書藍色「乾隆年製」無框兩行楷書款。

此件文物曾於西元1961年赴美參加中華文物巡迴展。

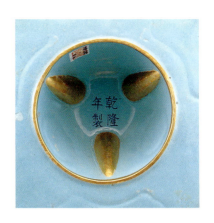

明清珐琅工藝

34. 清 乾隆 掐絲琺瑯仕女執壺

Cloisonné ewer decorated with female figures

Ch'ien-lung reign (1736-1795)

中琺 01.11.001068 中 2189

通高 36.7cm 足徑 8.6cm 重 2969g

　　銅胎,蓮瓣座珊瑚珠鈕之覆碗式蓋,蓋以環鍊與把手相連,侈口縮腰式頸,上圓下方略呈葫蘆形的器腹,長流自器腹下方的龍首口中伸出,流口飾回紋,流和頸以龍首橫梁相連,與頸部另一邊的龍首把手相呼應。器表淺藍地飾纏枝番蓮花為錦,於凸起的鑲座上縛粘松石、珊瑚為裝飾(嵌件部份脫落),蓋四開光內繪不同的仕女圖,頸部開光內繪各種山水風景,器腹上截四開光內繪不同的仕女圖,下截開光內前後繪庭院課子圖,左右為庭院花蝶及山水房舍。平底陰刻「大清乾隆年製」雙方框宋體字款。

　　壺流與把手的線條優美,搭配鑄鏨番蓮紋的二階式鍍金座,倍增器皿整體的美觀與穩重感。此器兼用掐絲及畫琺瑯的技法製成,技術較為繁難,因此有二開光處的畫琺瑯,有明顯製作上的瑕疵而經修補和傷缺。

　　此件文物曾於西元1998年參加巴黎「帝國的回憶」展。

明清琺瑯工藝　108

明清琺瑯工藝　109

35. 清 乾隆 掐絲琺瑯多穆壺

Cloisonné *to-mu* ewer

Ch'ien-lung reign (1736-1795)

中琺 01.11.000726 中 2192

高 51.0cm 最寬 23.0cm 重約 5430g

　　多穆壺為藏人拌、盛酥油茶的器皿，藏語稱為董莫(mdong-mo)或多穆。酥油茶藏語稱恰穌瑪，是將由茶磚熬成的濃茶中，倒入少量的酥油和鹽，有的還加入一些味精和牛奶等佐料，攪拌至水和酥油交融而成，是藏族同胞生活的必需品。

　　此件多穆壺K金胎，類僧帽形壺口，蓮瓣座珊瑚鈕之半球形蓋，壺流自器側的龍口伸出，他側龍口伸出的龍尾為把，筒形器身節分為三，全器以鏨花葉的金屬片緣邊，並於花心位置鑲珊瑚、青金石和松綠石(鑲嵌部份缺失)，圈足外撇。器表藍地飾纏枝花為錦，各式開光處繪飾各種花蝶湖石、母子圖、牧羊及鄉村風景等紋飾，圈足上鑲貼長方金屬片，陰刻填黑「大清乾隆年製」一列楷書款。

　　此件文物曾於西元1996年赴美參加中華瑰寶巡迴展。

明清珐琅工藝

36. 清 乾隆 掐絲琺瑯酥油茶罐

Cloisonné butter-tea jar

Ch'ien-lung reign (1736-1795)

中琺 01.11.001069 中 2189

高約 66cm 口徑 42.0cm 重約 23260g

　　藏人通常將拌製好的酥油茶，倒入陶質的茶壺內隨喝隨熱；此一皇宮內御用的酥油茶罐，實用裝飾兼具。

　　銀胎，鑲松石珊瑚蓮瓣座上，矗立由高浮雕卷葉組合成鑲松石珊瑚的大蓋鈕，圈足外侈，腹側鑲雲紋式環耳。罐內鍍金，器表淺藍地，纏枝花錦間裝飾開光，蓋面八開光內繪飾景致與母子圖相間，器身十二開光內繪不同的仕女、母子及花蝶圖，圈足四開光處畫山水景致，並於全器鍍金鑲邊上嵌珊瑚青金石和綠松石。蓋沿陰刻「大清乾隆年製」自右而左一列楷書款。

明清珐琅工藝 113

37. 清 乾隆 掐絲琺瑯西洋母子圖瓶

Cloisonné vase with illustration of Western mother and child

Ch'ien-lung reign (1736-1795)

列四二七1之2 故琺 01.11.000177 院 1951

高 39.1cm 腹徑 17.9cm 重約 1987.6g

　　銅胎，侈口、頸呈多階式，豐肩，斂腹，撇圈足，魚龍雙耳。器內露胎，口沿下鏨小花及蕉葉紋；頸上段筒狀，藍地纏枝花錦，前後開光處畫西洋仕女；下層依次鏨繡球錦和回紋、掐絲纏枝花、鏨蟠龍及獸面各四、纏枝花等四層；肩鏨回紋、蓮瓣與雲紋；腹部藍地纏枝花錦，四面開光處繪不同西洋母子圖，腹下方鏨一圈蓮瓣，圈足飾纏枝花。瓶口陰刻「大清乾隆年製」一列自右而左楷書款。

明清琺瑯工藝　114

38. 清 乾隆 掐絲琺瑯西洋人物蓋罐

Cloisonné covered jar decorated with Western figures

Ch'ien-lung reign (1736-1795)

列三七五 8 故琺 01.11.000132 院 1977

高 9.5cm 最大徑 9.3cm 重 257.0g

　銅胎，斗笠形蓋珊瑚鈕，短頸，豐肩，碗式腹，外撇圈足。罐內施淺藍綠釉，器表藍地纏枝花間飾開光，蓋、肩、腹各四，以西洋寫生的技法分別繪西洋房舍、西洋人物、動物、西洋母子圖。底白地書灰黑色「乾隆年製」雙方框宋體字款。

　此件文物於西元1961年赴美參加中華文物巡迴展。

明清琺瑯工藝　115

39. 清 乾隆 掐絲琺瑯花卉蓋罐

Cloisonné covered jar with floral decoration
Ch'ien-lung reign (1736-1795)
列三七五 1 故琺 01.11.000115 院 1977
高 5.4cm 最大徑 6.9cm 重 134.5g

銅胎，蓋、頸、腹、圈足均呈五楞式。罐內施淺藍綠透明釉，器表藍地纏枝花間飾開光，蓋、腹各五，分別繪西方房舍、花卉圖。底白地書藍色「乾隆年製」雙方框宋體字款。附鏤雕染骨座。

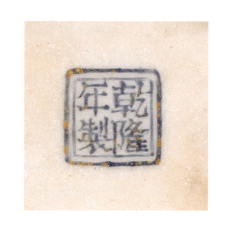

40. 清 乾隆 掐絲琺瑯螭耳罐

Cloisonné jar with hornless-dragon handles
Ch'ien-lung reign (1736-1795)
院 1977 故琺 01.11.000134 列四七二 8 之 1
高 6.5cm 腹徑 7.8cm 重 196.5g

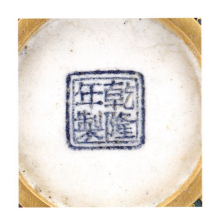

　　銅胎，略侈口，頸下段漸大，削肩鏨一圈鍍金轉枝花葉，螭耳，鼓腹，外撇圈足。罐內施淺藍綠透明釉，器表藍地纏枝花間飾開光，頸、腹各四，以西洋繪畫技法分別繪西洋房舍、仕女與母子圖，底白地書藍色「乾隆年製」雙方框宋體字款。

明清琺瑯工藝　117

41. 清 乾隆 掐絲琺瑯西洋人物鼻煙壺

Cloisonné snuffbox decorated with Western figures

Ch'ien-lung reign (1736-1795)

呂二〇六二補31 故琺 07.11.000864 院1971

高 5.6cm 重 41.2g

　　銅胎，削肩扁腹鼻煙壺。壺內露胎，料蓋下木塞附骨匙。器表藍地，頸飾如意雲頭紋，其餘飾花葉錦，腹前後開光處繪西洋母子圖，兩側四開光處繪西洋房舍景致，橢圓形圈足飾雲紋，底略內凹，白地書藍色「乾隆年製」雙方框宋體字款。

　　此件文物曾於西元1996年赴美參加中華瑰寶巡迴展。

42. 清 乾隆 掐絲琺瑯鳧壺

Cloisonné ewer in the shape of a waterfowl
Ch'ien-lung reign (1736-1795)
中琺 01.11.0001070 中 1212
高 32.6cm 橫長 30.5cm 重 2241.1g

　　銅胎，曲頸鳧形壺，以鳧首和頸為流，二層圓冠式蓋，火珠形蓋鈕，鳧背駝四層圓塔型壺口，裝飾各種掐絲花草；提梁的兩端裝飾龍首龍尾，提梁上飾各種雲紋；以不同形狀的掐絲表達鳧的各種羽毛，彩色華麗，腹底的顏色由黃至尾漸白，有渲染的效果，口壁陰刻「大清乾隆年製」一列楷書橫款。器形特殊而重心穩，製作技法繁難。此器仿自周鳧，古人以鳧鶿歌太平，用於宴飲之間，或為陳設器；以各種動物立雕造型製成琺瑯陳設器，是乾隆朝一大特色。

明清琺瑯工藝

43. 清 乾隆 掐絲琺瑯犧尊

Cloisonné animal-shaped *tsun* vessel

Ch'ien-lung reign (1736-1795)

中琺 01.11.000236 中 113

高 27.7cm 寬 13.6cm 最長 26.4cm 重約 5015g

　　銅胎，仿商周青銅器中的鳥獸尊，但形制不同。清代犧尊的動物往往似牛亦似鹿，故也有「天祿」之稱。該器形似牛，身體上的斑紋似鹿。器內露胎，牛之首、尾、四足、及環繞四肢附近的火燄鍍金，餘均施淺藍釉為地，牛身體滿佈大、小及單、複瓣的六瓣花，牛背的尊形器飾纏枝花。背部的脊椎、尾巴及腹下的金工精美，雄性的生殖器官清晰可見。牛之下顎陰刻「乾隆年製」自右而左一列楷書款。器物沈重、製作精美，與《皇朝禮器圖式》中記載的乾隆十三年欽定太廟正殿祭器的犧尊形相似，然大小不同，當時若非為祭器，也必定為重要宮殿中的陳設器。原器物上貼有「掐絲琺瑯天祿……」的殘片。屬十八世紀中後期的文物。

明清珐琅工藝 121

44. 清 掐絲琺瑯天雞尊

Cloisonné wheeled bird-shaped *tsun* vessel

Ch'ien-lung reign (1736-1795)

中琺 01.11.000233 中 113

高 35.4cm 寬 13.7cm 最長 28cm 重約 10785g

　　銅胎，仿銅器天雞尊形制，鳳首，喇叭口，背和尾部的「T」形稜脊鍍金，餘均藍地滿佈各色羽毛、纏枝花、鳳鳥及拐子龍等紋飾，以內捲的尾羽和鏤製成拐子龍形狀的雙足為座，器物沉重，釉色鮮明豔麗，是上好的陳設器。屬十八世紀中後期的文物。

45. 清 乾隆 掐絲琺瑯御製詩掛屏

Cloisonné frame with poem by Emperor Ch'ien-lung

Ch'ien-lung reign (1736-1795)
稱九七二 故琺 01.11.000702 院 2908
連框長 72cm 寬 40cm 重約 8375g

　　銅胎，屏上方鎪卷鬚錦間飾番蓮，陰刻填黑乾隆御製詠春詩「乾則為元常則仁，於旨居首則稱春，體斯賤物生生意，宜在奉天司作人」臣于敏中敬書「臣敏中」陽文鍍金、「敬書」陰文填紅。詩下方掐絲村落農舍、小橋流水、農夫犁田春耕及村童放風箏等畫面。于敏中（1714-1779），乾隆二年狀元，官歷文華殿大學士，廷諭多出其手。

明清琺瑯工藝

46. 清 乾隆 掐絲琺瑯花卉轎瓶

Cloisonné wall-vase with floral decoration

Ch'ien-lung reign (1736-1795)

中琺 01.11.000580 中 1176

高 19.7cm　最寬 16.0cm　重 756.1g

　　銅胎，前面為直頸球腹雲耳瓶，連接浮雕雲頭紋之座，靠牆面平，頸下方有一孔可以直接掛在牆面的釘上，故稱壁瓶，清檔中稱之轎瓶。此型器始見於明萬曆朝，清代盛行於乾隆時期。此瓶白地藍色樹枝花葉，瓶腹鍍金面陰刻填墨隸書乾隆御製詩文，子臣永璇敬書。永璇（1711-1799），乾隆皇帝第八子，書法趙孟頫。

47. 清 乾隆 掐絲琺瑯夔龍紋轎瓶

Cloisonné wall-vase with *k'uei*-dragon decoration

Ch'ien-lung reign (1736-1795)
中琺 01.11.000122 中 1237
高 23.3cm 最寬 10.5cm 重 951.1g

　　銅胎，前面為侈口豐肩斂腹瓶，連接浮雕式夔龍紋之座，靠牆面平，頸下方有一孔可以直接掛在牆面的釘上，故稱壁瓶，清檔中稱之轎瓶。此型器始見於明萬曆朝，清代盛行於乾隆時期。此瓶綠地以淺綠色夔龍為錦，瓶腹掐絲「御製」二字，詞句則採掐絲雙鉤填墨的方式「隨分芳菲擷觸懷長短哦」落「臣于敏中」紅地陽文鍍金字、「恭寫」鍍金地陰文填紅字。于敏中(1714-1779)，乾隆二年中狀元，工書法，歷官文華殿大學士，二十五年入懋勤殿奉敕寫華嚴經寶塔，廷諭多出其手。瓶內插由青金石、碧璽與碧玉製成的花枝。

　　〈造辦處各作成做活計清檔〉雍正六年九月二十七日，曾做得琺瑯桃式掛瓶一件，隨象牙茜色長春花一束。

明清琺瑯工藝 125

48. 清 乾隆 掐絲琺瑯花果轎瓶

Cloisonné wall-vase with flower-and-fruit decoration
Ch'ien-lung reign (1736-1795)
中琺 01.11.000121 中 1237
高 23.3cm 最寬 11.3cm 重 847.0g

　　器物形制與圖版47同。此瓶白地以藍色茶花枝葉為錦，瓶腹掐絲「御製」二字，詞句則採掐絲雙鉤填墨的方式「生意四旨具韶光一室融」落「臣于敏中」紅地陽文鍍金字、「恭寫」鍍金地陰文填紅字。瓶內插由珊瑚、碧玉與黃色石材製成的花枝。

49. 清 乾隆 掐絲琺瑯獸面紋方觚

Cloisonné square *ku* beaker with animal-mask decoration

Ch'ien-lung reign (1736-1795)

呂五三五 85 故琺 01.11.000137 院 2075

高 55.0cm 口徑 29.2cm 重約 7990g

銅胎，喇叭口，腰方鼓形，方形的底部外撇，四面及四角鑲鏤空夔龍紋稜脊八，器形是仿商代晚期青銅飲酒器方觚的形制。這種器皿到了後期，成了祭祀中的禮器，或平日做案頭的陳設器和花瓶。

該觚器內露胎，口內掛一掐絲水波紋五孔膽囊，器表藍地，口內壁飾轉枝番蓮紋，外壁上下飾各種拐子龍紋，方腰裝飾獸面紋和拐子龍紋。底鑄去地陽文「乾隆年製」方框楷書款。

明清琺瑯工藝 127

50. 清 乾隆 掐絲琺瑯夔龍碗一屜

Drawer of cloisonne bowls with k'uei-dragon decoration

Ch'ien-lung reign (1736-1795)
中琺 01.11.000403-412 中 1222
高 3.9cm 口徑 8.1cm 重 95.5g

銅胎，口略侈，垂腹，圈足小碗。碗內鍍金，器外淺藍地飾回首夔龍四，腹下方飾一圈仰蓮瓣。器底陰刻「大清乾隆年製」雙方框楷書款。一式十二個碗裝成一屜，屜中每格有榫頭鎖住。

51. 清 掐絲琺瑯夔龍紋鏡

Cloisonné mirror with *k'uei*-dragon decoration

Ch'ien-lung reign (1736-1795)
金一一六六 32 故琺 08.00.001021 院 2928
厚 2.0cm 鏡徑 13.1cm 重 471.3g

　　銅胎，菊瓣式鏡沿，面鑲玻璃鏡，鏡背藍地飾夔龍和寶相花等，中央突起圓鈕，裝飾太極圖。附紫檀鏡架。係十八世紀後期的文物。

明清琺瑯工藝　129

52. 清 乾隆 掐絲琺瑯扁壺

Cloisonné flask

Ch'ien-lung reign (1736-1795)

中琺 01.11.000872 中 1057

高 45.5m 腹徑 35.6cm 重約 9910g

　　銅胎，蓮瓣座獅鈕蓋，侈口立沿，削肩，扁圓腹，肩側鑲角端雙耳，腹鑲二鍍金降龍，當中插入一圓牌(其一圓插牌係後配)，圓牌取下，內飾一朵番蓮花，其中一面中有抽屜，取出抽屜，可見圓牌上方有器底封實，下方有一杯形下凹的空間；外撇的高足兩側有半圓形小孔，供繩索繞過底部後穿經此孔，沿瓶側通過雙耳在上方繫結懸掛。器表淺藍地佈草莓紋為錦，裝飾各種花卉，器底鑄去地陽文「乾隆年製」雙方框楷書款。

　　此型器皿原來應由皮革製成，盛液體掛在馬背，故稱背壺，也有俗稱此為抱月壺或寶月壺。

明清琺瑯工藝　130

明清珐琅工藝 131

53. 清 乾隆 掐絲琺瑯龍紋文具一組

Cloisonné stationery set with dragon decoration

Ch'ien-lung reign (1736-1795)

（一）暖硯

崑五 4　故琺 08.11.001022 院 2537

高 15.9cm　底橫長 17.1cm

縱長 21.1cm　重 6550g（不包括硯重）

　　銅胎，長立方形匣，匣口卡一置硯的平臺，放置兩方極薄的端硯，平臺下方的空間可放熱水或炭火餘灰，可防在寒冷的冬天墨汁凝固，故稱暖硯。

　　器內露胎，器表藍地，蓋及匣四面均飾一正面蟠龍和壽山福海祥雲等，匣座鏨卷枝蓮花，器底鑄淺浮雕式雙蟠龍拱去地陽文「大清乾隆年製」長方框三行楷書款。

明清琺瑯工藝　133

（二）筆山

崑五 5　故文 08.11.001023　院 2537
高 15.9cm　底橫長 22.1cm　重 2039g

　　銅胎，五峰山字形筆架，或直稱為筆山。器表藍地，兩面均飾雙龍拱卍彩墜和壽山福海等，鍍金座鏨卷枝蓮花，器底鑄淺浮雕式雙龍拱去地陽文「大清乾隆年製」長方框三行楷書款。

（三）水盛、勺

崑五6之四、二　故文 08.11.001025　院 2537

水盛高 11.1cm　底徑 8.5cm　勺長 14cm　重 841.6g

水盛：銅胎，器內露胎，腰鼓式筒形器，上方鑲陰刻五隻不同姿態的翔鳳與五朵番蓮圍繞著圓口的金工蓋，下方圈足飾淺浮雕式轉枝番蓮。器表藍地，飾雙龍拱卍字彩墜和壽山福海等，器底鑄淺浮雕式雙龍拱去地陽文「大清乾隆年製」長方框三行楷書款。

勺：中部微彎銅胎，藍地飾雙龍拱卍字彩墜，上方鑲浮雕式龍首，下方鑲半圓式勺。

明清琺瑯工藝　135

（四）紙鎮

崑五7 故琺 10.11.0011167 院 2537
連座高 11.0cm 座邊長 10.0cm
座高 4.7cmm 連座重 2601g

　　銅鎮由六條龍蟠成，鎮側鐫刻轉枝蓮花。此鎮下方亦可刻印文作為印璽。

　　鎮座飾仰俯蓮瓣各一圈，器底鑄淺浮雕式雙龍拱去地陽文「大清乾隆年製」長方框楷書款。

54. 清 乾隆 掐絲琺瑯動物紋豆

Cloisonné *tou* vessel decorated with animal figures

Ch'ien-lung reign (1736-1795)
列五 0 一 故琺 01.11.000601 院 2008
高 21.5cm 口徑 16.9cm 重 2606.4g

　　銅胎，此器仿戰國早期豆的形制。這種器皿到了後期，成了祭祀中的禮器，或平日做案頭的陳設器或實用器皿。

　　全器淺藍色地以掐絲卷鬚紋為錦，間飾各種動物，例如鳥、狗、羊、牛、虎、猴、兔、鹿、象和山鬼、孫悟空等，器內光素鍍金，底部鑄去地陽文「大清乾隆年製」長方框三行楷書款。清宮以單純寫實動物紋做裝飾的掐絲琺瑯器，目前所知僅此一件。

明清琺瑯工藝　137

55. 清 掐絲琺瑯燭臺一對

Pair of cloisonné candle stands

Ch'ien-lung reign (1736-1795)

列五六二之 1-2 故琺 01.11.000193-194

院 1951

高 23.3cm 底徑 12.0cm 重 773.9-753.5g

　　銅胎，釘形燭阡下有三階式的承盤，展翅之雁佇立在折沿盤座中央一龜二蛇同體的玄武背上，盤內壁掐絲壽山福海，外壁飾蓮瓣紋。玄武代表北方之神，紋飾中有「海」、「雁」，寓意海宴河清天下太平。係十八世紀中後期的文物。

56. 清 乾隆 掐絲琺瑯十相自在梵文碟（兩件）

Cloisonné dish with Sanskrit motif
Ch'ien-lung reign (1736-1795)
中琺 01.11.000696、698 中 1173
通高 2.2cm 盤徑 11.2cm 重 236.3g

　　銅胎，折沿，盤心略凹。盤內外施藍釉地，折沿面飾梵文，背為五彩祥雲，內外盤壁於祥雲間分別飾佛教七珍、八寶，盤心卷鬚錦中央飾由七個梵文和三個符號組合成的「十相自在」吉祥紋飾。底鍍金陰刻「乾隆年製」雙方框楷書款。

57. 清 乾隆 掐絲琺瑯獸面紋觶

Cloisonné *chih* vessel with animal-mask decoration

Ch'ien-lung reign (1736-1795)

金一八一 24 故琺 01.11.000486 院 2480

高 9.9cm 口徑 5.8cm 重 44.5g

　　銅胎，略侈口，頸下段漸大，削肩，垂腹，二階式圈足，器形仿商周青銅酒杯觶的形制。這種器皿到了後期，成了祭祀中的禮器，或平日做案頭的陳設器或花瓶。

　　器內露胎，外淺藍地，頸飾如意雲頭紋、拐子龍等；肩飾一周鍍金去地雲紋；腹部回紋錦中飾獸面紋二，圈足飾轉枝花草，底鑄去地陽文「乾隆年製」雙行楷書款。

58. 清 乾隆 掐絲琺瑯獸面紋甗

Cloisonné *yen* vessel with animal-mask decoration

Ch'ien-lung reign (1736-1795)

列六五一 故琺 01.11.000547 院 1990

連座高 26.5cm 口徑 10.5cm 重 870.2g

　　銅胎，器形摹仿西周青銅蒸食器甗之形制。上層置食物稱甑，下層裝水處稱鬲，中腰置竹製成的蒸篩供蒸汽通過蒸食物者稱箅。這種器皿到了後期，成了祭祀中的禮器，或平日做案頭的陳設器。

　　該甗銅胎，蓮瓣座浮雕式蟠龍蓋鈕，口立繩紋耳，中空的三足鼎立。器內上層鍍金，下部露胎，鏤空卍字紋蒸篩。器表淺藍地飾仿古獸面為主紋，另有回紋、雲紋及「T」紋、卍字不斷紋等，器底三足間鎪纏枝番蓮，中央為去地陽文「乾隆年製」方框兩行楷書款。

59. 清 乾隆 掐絲琺瑯獸面紋方鼎

Cloisonné square *ting* vessel with animal-mask decoration

Ch'ien-lung reign (1736-1795)

中琺 01.11.000883 中 1100

高 33.8cm 長 21.2cm 寬 15.5cm 重約 5205g

　　銅胎，蓮瓣座鏤雕龍紋球形蓋鈕，拱門式立耳，夔龍式四足。器內露胎，器表淺藍地，蓋飾各種夔龍紋，四角鑲稜脊；立耳和口沿下飾回紋，腹面中央及四角鑲稜脊，上層飾夔龍，下層飾獸面紋，足飾龍紋。鼎底裝飾纏枝寶相花，中央掐絲填燒藍色「大清乾隆年製」長方框三行楷書款。

　　此器與收羅在《重修宣和博古圖》中周文王鼎之形制紋飾幾乎完全相同，大小也很相近，唯多設一鼎蓋。此類器皿到了後期，成了祭祀中的禮器，或平日做案頭的陳設器。

明清琺瑯工藝　143

60. 清 乾隆 掐絲琺瑯奔巴壺

Cloisonné *pen-pa* ewer

Ch'ien-lung reign (1736-1795)

呂五三五 29 故琺 01.11.000016 院 1924

高 24.8cm 最寬 13.1cm 重 872.1g

　　奔巴壺或稱賁巴壺、甘露瓶，俗稱藏草壺，為藏傳佛教密宗修行儀式中灌頂器皿，形制似宋代的淨瓶。

　　銅胎，器分四層，上層呈塔式，水自此處頂端倒出，次層呈扁盒狀，第三層為球形，側連扁盒狀附蓋之漏斗，水由該處裝入；最下層為高而外撇的三層式圈足，圈足內自第二層封實。器表淺藍地，飾轉枝番蓮、花草及如意雲頭、蓮瓣等紋飾。底鍍金陰刻「乾隆年製」雙方框楷書款。

　　黃籤：乾隆五十八年二月十四日收蘊真齋撤下；銅掐絲琺瑯賁巴壺一件。木匣刻：利益新造掐絲琺瑯奔巴壺。

61. 清 乾隆 掐絲琺瑯龍鳳提梁壺

Cloisonné ewer with dragon-and-phoenix handle

Ch'ien-lung reign (1736-1795)
呂五三五 55 之 1 故琺 01.11.000300 院 2107
高 32.3cm 腹徑 17.5cm 重 2670.7g

　　銅胎，覆碗形蓋頂飾鏤雕蟠龍鈕，平肩垂一圈鍍金蓮瓣，鼓腹，圈足。器表淺藍釉佈草莓錦，裝飾各色轉枝番蓮，和腹下方的雲紋、菊瓣、小菊花等。龍啣鳳首的流自壺腹伸出，與壺身他側攀附的龍尾相呼應。提梁浮雕雙龍搶珠紋，鍍金底陰刻「大清乾隆年製」長方雙框三行楷書款。金工非常精緻，是全器觀賞的焦點。

明清琺瑯工藝

62. 清 掐絲琺瑯獸面紋提梁卣

Cloisonné *yu* vessel with loop handle and animal-mask decoration

Ch'ien-lung reign (1736-1795)

呂五四六之4 故琺 01.11.000696 院 2313

高 31.9cm 寬 29.9cm 重約 5200g

　　銅胎，仿古青銅酒器提梁卣。蓋、蓋鈕、垂腹、和圈足均呈橢圓形，蓋與腹的前後左右飾稜脊。器內露胎，另置銀胎可以提出。器表黃地飾回紋錦，裝飾獸面紋為主題，鈕飾菊瓣及蕉葉，口飾夔龍間獸面，圈足飾夔龍紋，提梁飾變形的雙龍戲珠紋，底施藍釉。該器內置銀胎，可知做陳設器外，還有實用的功能。係十八世紀後期的文物。

63. 清 乾隆 掐絲琺瑯轉枝番蓮紋扁壺

Cloisonné flask with lotus-scroll decoration

Ch'ien-lung reign (1736-1795)

列五五九 故琺 01.11.000602 院 2008

高 11.5cm 腹徑 15.3cm 重 1023.0g

　　銅胎，蓮瓣座球鈕，蓋成三階式，環把，短方流，鼓腹，平底。器內鍍金，外表深、淺藍地飾轉枝番蓮和寶相花，腹下方飾一圈蓮瓣紋。鍍金底陰刻羯磨杵紋，中央圓框內刻「乾隆年製」上下、右左十字形排列楷書款。

64. 清 掐絲琺瑯丹鳳朝陽八方瓶

Cloisonné eight-sided vase with phoenix decoration

Ch'ien-lung reign (1736-1795)

往——017 故琺 01.11.000245 院 2139

高 53.5cm 寬 22.0cm 重 10125g

　　銅胎，器身由四方及邊角的各四個面焊合成八面體，全器分三部份，上下部份同形，口與底外侈，中間部份成方筒狀。器腹四面裝飾各種姿態的丹鳳朝陽，搭配梧桐、水仙、竹；桃樹、靈芝；竹叢、菊；辛夷、牡丹；及祥雲、福海和七珍等。四角則飾鳳首龍身紋。口沿下和底足上方飾一圈如意雲頭紋，及鳳首、拐子龍、佛教八寶等吉祥紋飾。器形高大沉重、掐絲工整精緻、以及裝飾風格具揚州、杭州掐絲琺瑯之特色，係屬十八世紀中後期的文物。

65. 清 掐絲琺瑯赤壁圖扁壺

Cloisonné flask with a scene from the *"Ode on the Red Cliff"*
Ch'ien-lung reign (1736-1795)
中琺 01.11.000891 中 107
高 46.0cm 寬 38.0cm 重約 5790g

　　銅胎，筒頸，削肩，雙耳，橢圓形臥足，腹扁圓。頸飾鳳首與拐子紋，壺側飾拐子龍紋，扁腹前後壺面紋飾相同，周圍回紋及雲紋，左上方崖壁有古木外伸，右上方天空以卍字不斷紋為錦，懸有明月一輪，下方江面盪漾一片小舟，內有蘇軾、佛印、書僮、二舟子及烹茶壺具等，描述文人雅士月夜遊赤壁圖。具十八世紀中後期揚州、杭州一帶文物風格。

66. 清 掐絲琺瑯春耕圖扁壺

Cloisonné flask with scene of spring cultivation

Ch'ien-lung reign (1736-1795)

麗九二二 故琺 01.11.000246 院 2139

高 46.8cm 腹寬約 36cm 重約 5965g

　　銅胎，筒頸，削肩，雙耳，橢圓形臥足，腹扁圓。頸飾鳳首與拐子紋，壺側飾拐子龍紋，扁腹前後紋飾相同，壺面周圍回紋及雲紋，中央以卍字不斷紋為錦，描飾山野田間春耕及牧牛圖，是十八世紀中後期文物。

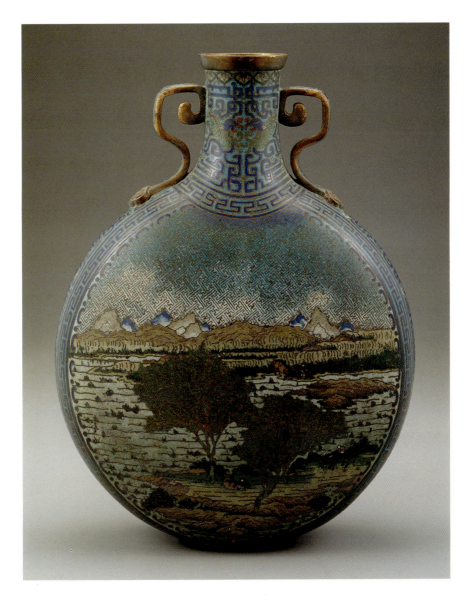

明清琺瑯工藝 151

67. 清 乾隆 掐絲琺瑯貫耳扁瓶

Cloisonné flask-shaped vessel

Ch'ien-lung reign (1736-1795)

稱九四七 3 故琺 01.11.000715 院 2918

高 42.8cm 口徑 13.0x9.9cm 重約 3200g

　　銅胎，侈口，削肩，貫耳，外撇圈足，橄欖形扁腹瓶。橢圓形口沿鑲回紋一圈，頸部上下佈如意雲頭紋，中間飾纏枝番蓮；肩、腹飾含寶相花的龜甲紋及含卍字的四方格紋，二階式圈足飾三角回紋及鑲回紋一圈。底鑄去地陽文「大清乾隆年製」長方框三行楷書款。

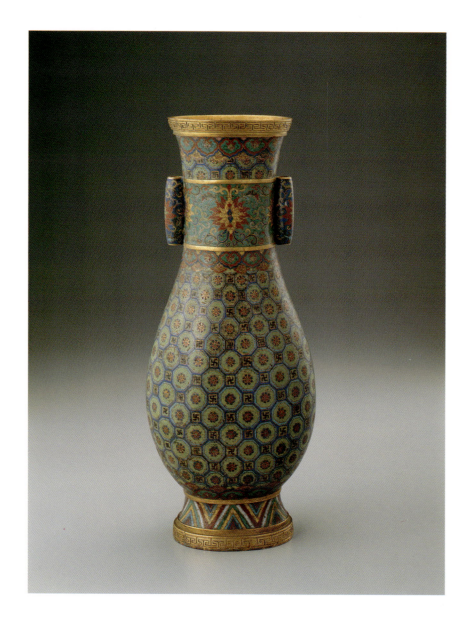

68. 清 掐絲琺瑯瓔珞梅瓶

Cloisonné *mei-p'ing* vase decorated with fringes

Ch'ien-lung reign (1736-1795)
稱八四八 故琺 01.11.000711 院 2964
高 37.2cm 足徑 12.2cm 重約 4260g

　　銅胎，小口，短頸，豐肩，斂腹，圈足外撇。器內露胎，頸飾蕉葉，肩裝飾一圈如意雲頭紋，及含朵花之龜甲錦間開光，內飾番蓮花；肩下垂含卍字不斷紋錦之雲肩六，瓔珞垂掛在飾龜甲紋和卍字紋錦地的瓶腹，腹下方飾如意雲頭紋、含朵花之龜甲錦和蓮瓣一圈，鍍金圈足。根據釉色及紋飾，應屬十八世紀後期之文物。

明清琺瑯工藝 153

69. 清 掐絲琺瑯對獅

Pair of cloisonné lions
Ch'ien-lung reign (1736-1795)
中琺 01.11.000348-349 中 1208
高約 42cm 長約 52cm
重 13050g（雄）13180g（雌）

　　銅胎，獅耳、尾、幼獅和繡球另鑄套縛接合，全器除獅背與尾巴黃地外，餘均藍地以掐絲表現獸毛，頸飾三鈴鐺的鍍金環，雄獅右足踩紅地掐絲繡球，通常立在官府衙門甚至大戶豪宅門口的右側，母獅右足踩幼獅，置於大門左側，公母二獅隔互相對望。公母二獅即代表太師少師，太師少師位居三公（太師太傅太保）三孤（少師少傅少保）之首席，寓意位居高官。

　　揚州兩淮鹽政李質穎曾於乾隆三十六年十一月初八進貢的琺瑯文物中，有「琺瑯青獅獻寶成對」；揚州是清代琺瑯主要產地之一，此對獅應是十八世紀後期的文物。

明清琺瑯工藝 155

70. 清 掐絲琺瑯天雞尊

Cloisonné wheeled bird-shaped *tsun* vessel

Ch'ien-lung reign (1736-1795)

九四七9 故琺 01.11.000751 院 2955

高 25.8cm 寬 9.0cm 最長 21.0cm 重約 3535g

　　銅胎，仿古銅器天雞尊形制，鳳首與背部「T」形稜脊鍍金，餘施淺綠及藍地滿飾各式羽紋，腹飾獸面紋，喇叭式口飾纏枝花及拐子龍等紋飾，雙足蹲在車軸上，以內捲的尾羽和鏤製的車輪為座，器形莊重，釉色鮮明豔麗，是上好的陳設器。根據粉紅、紫紅等釉色，應屬十八世紀後期的文物。

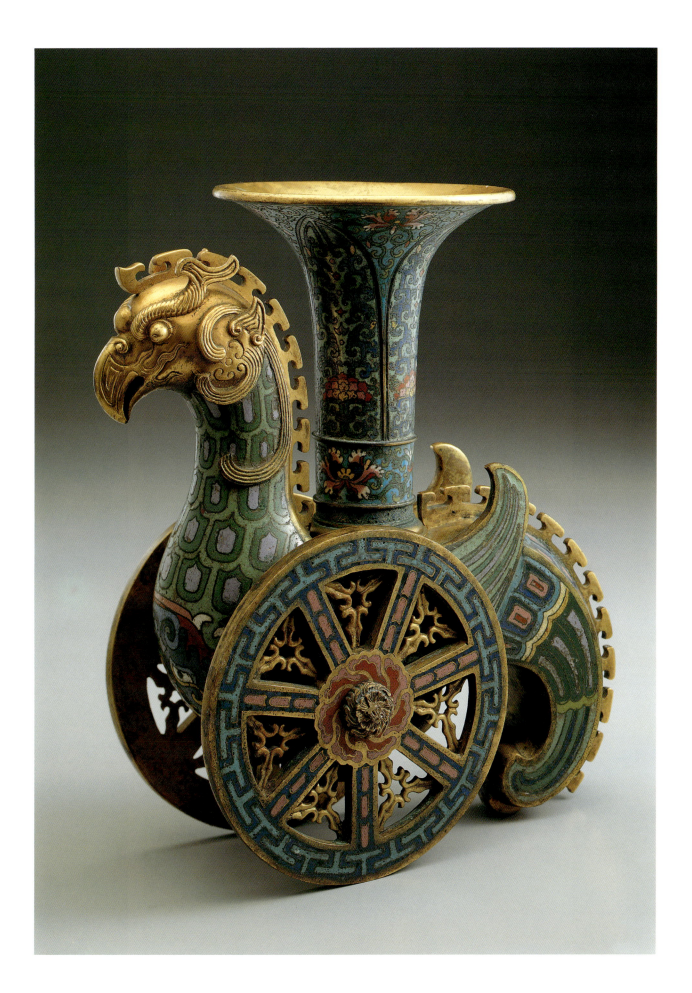

明清珐琅工藝 157

71. 清 掐絲琺瑯蓮塘紋罐

Cloisonné jar with lotus-pond decoration

Ch'ien-lung reign (1736-1795)

中琺 01.11.000184 中 1144

高 28.5cm 腹徑 22.0cm 重 2276g

　　銅胎，唇口，短頸，豐肩，斂腹，底略內凹。頸肩寶藍地垂珠串纓絡，腹飾荷塘紋，包括荷花、水蠟燭、鷺鷥、鴛鴦及水紋等。就紋飾風格和釉色，應屬十八世紀後期的文物。

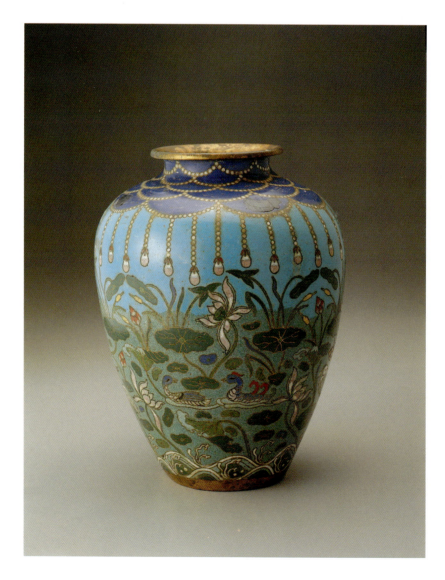

72. 清 掐絲琺瑯方勝式盒

Cloisonné double-lozenge box

Ch'ien-lung reign (1736-1795)

中琺 01.11.000317 中 1196

高 8.0cm 最寬 26.0cm 最長 43.3cm 重約 5180g

銅胎，兩菱形而一角疊合成方勝，高壁蓋，套蓋住淺壁的盒子上，底部六角處各鑄一矮足。器表淺藍地卍字不斷錦，蓋面飾牡丹、菊和罌粟花，蓋壁飾芍藥、碧桃、秋葵及、茶、梅、蘭花等，底飾冰梅紋，盒內裱淺藍色綾。就紋飾風格和釉色，應屬十八世紀後期的文物。

73. 清 掐絲琺瑯圍棋、象棋盒

Cloisonné Chinese-chess box

Ch'ien-lung reign (1736-1795)

為八四0 故琺 01.11.000725 院 2944

高 2.5cm 長 17.5cm 寬 8.9cm 重 1136.4g

　　銅胎，長方形屜式盒，盒底有一橢圓形孔，方便將內屜頂出（象棋盒係蓋盒），盒內置一綢裱之圍棋盤（象棋盤）。盒外藍地，裝飾成棋盤式方格，每一格內飾一卍紋，四邊掐絲卷鬚，底光素鍍金，貼黃籤：秀字五百二十號。屬十八世紀後期文物。

74. 清 乾隆 掐絲琺瑯梵文高足碗

Cloisonné stem bowl with Sanskrit motif
Ch'ien-lung reign (1736-1795)
列六五四之 1 故琺 01.11.000599 院 2008
高 14.0cm 口徑 14.2cm 重 917.7g

　　銅胎，侈口，斂腹，高足外撇。杯內鍍金，器外淺藍地飾纏枝番蓮、梵文、寶相花、雲紋及纓絡等。器底陰刻「乾隆年製」雙方框楷書款。此類器形是仿西藏地方銅、銀製的酥油燈。原木匣陰刻填藍：乾隆年製銅胎掐絲琺瑯靶碗一對。

75. 清 掐絲琺瑯唾盂

Cloisonné spittoon

Ch'ien-lung reign (1736-1795)

往一一六 18 故琺 01.11.000592 院 2487

高 9.8cm 口徑 15.2cm 重約 918.9g

銅胎，十二瓣折沿，鍍金桃鈕半球形蓋，垂腹，平底，器內有鍍金內胎及一漏斗式胎蓋。器表藍地，蓋飾纏枝花及蝙蝠四，口沿飾朵花及蝙蝠八，腹飾纏枝花，口沿下方及底鍍金脫落。就釉色及寬粗的雙鉤掐絲方式，應屬十八世紀晚期產自廣州的文物。

76. 清 掐絲琺瑯水盛一對

Pair of cloisonné water containers
Around the mid-19th century
金七九一之 1-2 故琺 08.00.000965-966
院 2962
高 5.6cm 腹徑 6.9cm 連匙重 91.9-90.7g

　　銅胎，蘋果形罐，器內露胎，器表淺藍地，口周圍飾如意雲頭紋，腹飾牡丹(另一為梅花)及詩句：牡丹雖富貴，可惜獨趨前，一旦冰霜至，花開不似先。(另一為：寒梅多傲骨，不學牡丹紅，似彼純臣節，花開獨在冬。)，以雲紋錦填白，部份雲紋成橫長縱短的蝸牛形，係十九世紀中期前後的文物。各附盛水之勺一。

明清琺瑯工藝 163

77. 清 畫琺瑯荷花水盛

Painted enamel water container with lotus-flower decoration

K'ang-hsi reign (1662-1722)

列三六 033 之 1 故琺 03.11.000241 院 1988

高 4.6cm 腹徑 4.7cm 重 73.2g

　　銅胎，斂口墩形水盛。器內外均施湖藍略透明之釉，部份隱約露胎，器外繪紅白荷花及一對鷺鷥。

　　鍍金器底微內凹，光素無紋無款。根據紋飾的風格、及色釉堆砌而凸出畫面的現象，應是康熙早期「不尚尊號」時期的文物。

78. 清 康熙 畫琺瑯花卉小盒

Small painted enamel box with floral decoration

K'ang-hsi reign (1662-1722)

列三六 058 之 4 故琺 03.11.000336 院 1902

高 3.1cm 器徑 4.1cm 重 78.3g

　　銅胎，覆缽式蓋與器身對合成扁盒，器內外均施黑釉，蓋面繪牡丹菊花等，蓋內畫蓮荷；盒身外繪梅、萱、竹等，內飾茶花。底平黑地書金色「康熙御製」雙方框雙行隸書款。

　　黑色琺瑯釉啟用於康熙，成熟並盛行於雍正朝，此件文物色釉堆砌而凸出畫面，釉質粗澀而不晶瑩，顯然是早期試驗時期之作品。

明清琺瑯工藝　165

明清琺瑯工藝 166

79. 清 康熙 畫琺瑯紫地花卉碗

Painted enamel bowl with floral decoration on purple background

K'ang-hsi reign (1662-1722)

列三六 014 之 1 故琺 03.11.000015 院 31

高 4.0cm 口徑 12.4cm 重 137.5g

　　銅胎，侈口垂腹碗。碗內僅施白色底釉，看見釉在胎面呈現冰裂的外觀。器表紫紅地繪轉枝花卉，黃綠色圈足飾一圈連珠紋。底白地書藍色「康熙御製」雙方框（外框由於底釉不均勻而成似由圓珠斷斷續續地連接成）雙行楷書款。

　　此件文物曾於西元1935年參加英國倫敦中國藝術國際展。

80. 清 康熙 畫琺瑯歲朝圖瓶

Painted enamel vase with floral decoration
K'ang-hsi reign (1662-1722)
列三六 041 故琺 03.11.001027 院 31
高 10.0cm 口徑 2.3cm 重 122.6g

　　銅胎，略侈口，長頸，削肩，斂腹瓶。器內施湖藍釉，外表白地繪茶、臘梅、水仙、南天竺和靈芝等。圈足內白地書深褐色「康熙御製」雙方框雙行隸書款。面釉發色不佳，光澤度低，應係早期的作品。
　　此件文物曾於西元1935年參加英國倫敦中國藝術國際展。

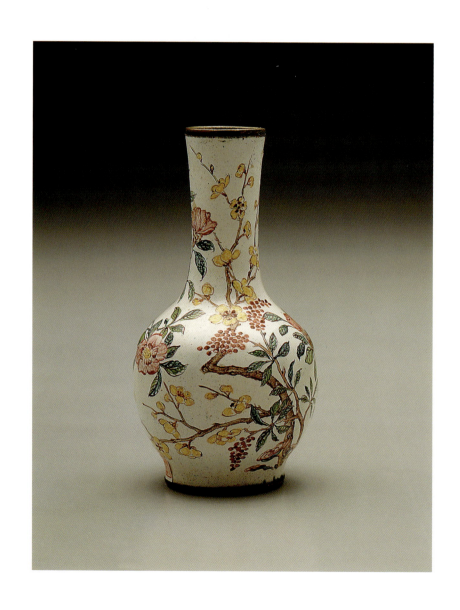

明清琺瑯工藝　168

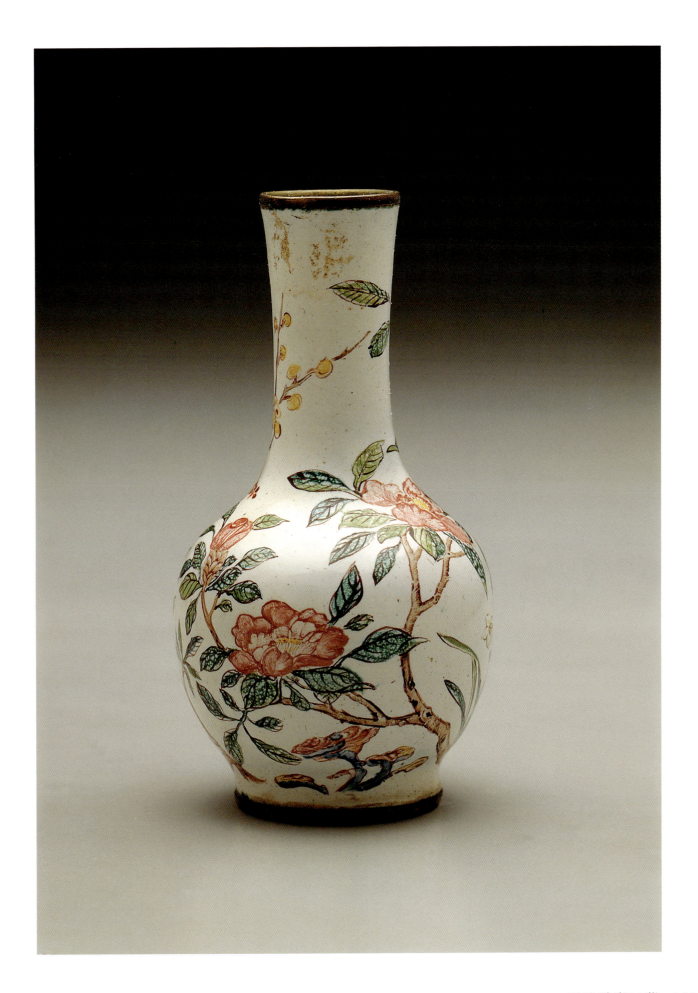

明清琺瑯工藝　169

81. 清 康熙 畫琺瑯梅花水盛

Painted enamel water container with plum-blossom decoration

K'ang-hsi reign (1662-1722)

列三六 033 之 2 故琺 03.11.000242 院 1988

高 2.6cm 徑 4.7cm 重 40.6g

銅胎，鍍金圓口，形似無頸垂腹膽瓶。器內施淺藍釉，器外白地繪紅白老幹梅花，器底微內凹，書藍色「康熙御製」無框雙行楷書款。

82. 清 康熙 畫琺瑯花卉五楞式盒

Painted enamel five-lobed box with floral decoration

K'ang-hsi reign (1662-1722)

列三六 046 故琺 03.11.000339 院 1902

高 3.5cm 徑 5.4cm 重 66.7g

　　銅胎，蓋與器身同形對合成五楞式扁盒，器內施淺藍釉，器表白地，每楞內繪不同色之番蓮一朵，蓋中心凸起，四周包圍一朵牡丹花。器身紋飾與蓋相同，器底中間由雲紋圍成梅花形框，框中心飾圖案式的五瓣花，花的周圍書藍色「康熙年御製」楷書款。此類小盒通常作為印泥盒。

83. 清 康熙 畫琺瑯花卉八楞式盒

Painted enamel eight-lobed box with floral decoration

K'ang-hsi reign (1662-1722)

列三六 044 故琺 03.11.000338 院 1902

高 3.1cm 長 10.5cm 寬 8.0cm 重 144.1g

　　銅胎，蓋與器身同形對合成橢圓形八楞式扁盒，器內施淺藍釉，外表黃地，每楞內繪番蓮一朵，蓋中心由四朵如意雲頭紋合成類似雲肩的紋飾。盒身八楞內的紋飾與蓋相同，底部中央書藍色「康熙御製」雙方框雙行楷書款。乾隆朝仿製同型器，僅將地釉改為紫色。

84. 清 康熙 畫琺瑯山水花卉盃、盤

Painted enamel cup and saucer with floral decoration

K'ang-hsi reign (1662-1722)

列三六 054 故琺 03.11.000550-551 院 1990

盤高 1.4cm 盤徑 15.1cm 重 173g

盃高 6.8cm 口徑 5.3cm 重 69g

盤：銅胎，六瓣式折沿，斜壁平底，中央盃座周凸內凹。盤面白地，盤沿滿飾轉枝花葉，壁繪裝飾花六組，盤心繪折枝蓮、牡丹、桃及菊花等。盃座周圍繪五蝠，內凹處飾藍色卍壽團紋。盤外壁施淺紫釉，中央凹處書黑色「康熙御製」無框雙行楷書款。

杯：銅胎，球鈕蓮瓣座之斗笠式蓋，侈口斂腹盃。內施淺紫釉，蓋面白地繪桃樹及果實、水仙、芙蓉等，邊緣黃地轉枝紋中飾各種壽字；盃腹四開光，內繪不同的傳統山水，開光與開光之間滿飾各種花葉。底平白地書黑色「康熙御製」無框雙行楷書款。

85. 清 康熙 畫琺瑯玉堂富貴瓶

Painted enamel vase with floral decoration
K'ang-hsi reign (1662-1722)
列三六 039 故琺 03.11.000384 院 2028
高 13.4cm 口徑 4.2cm 重 249.4g

　　銅胎，侈口，削肩，梨腹瓶。器內施淺藍釉，外表口沿下黃地飾茶花和蓮花圖案，頸垂蕉葉紋，瓶腹白地繪沒骨牡丹、辛夷(與玉蘭花同科)、及湖石等，圈足墨繪轉枝花，底白地書藍色「康熙御製」雙方框雙行隸書款。

　　此件文物曾於西元1996年赴美參加中華瑰寶巡迴展。

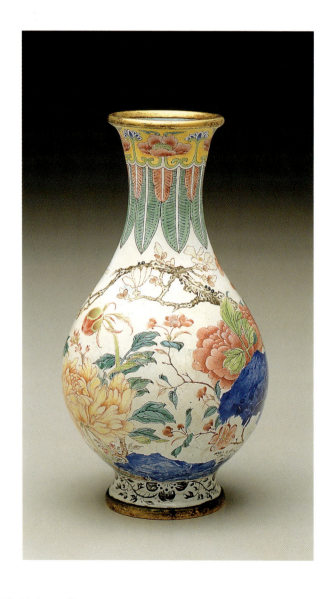

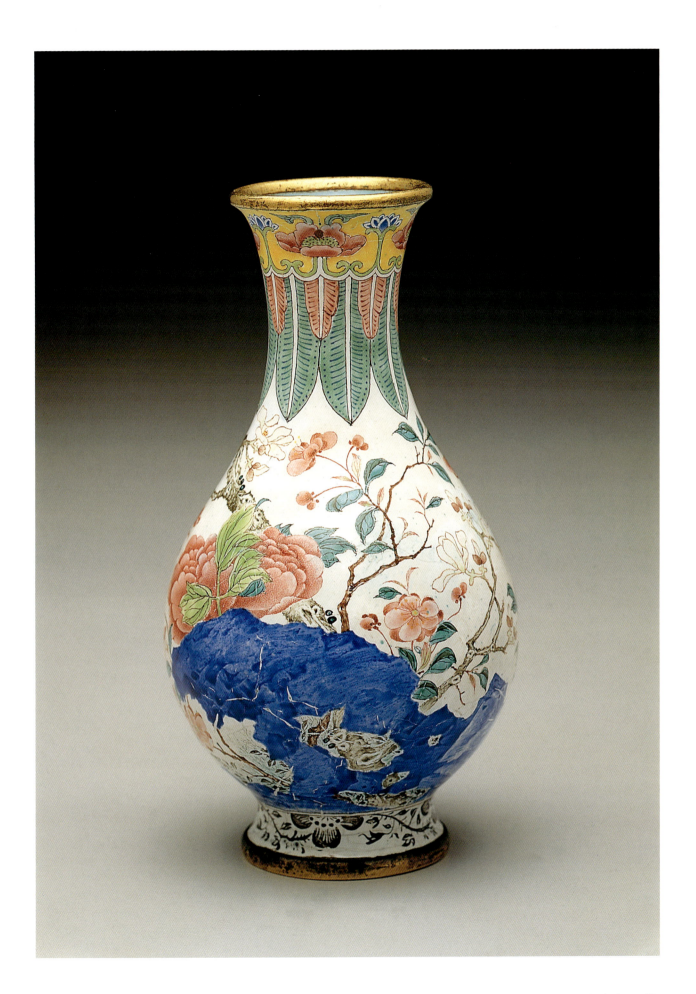

86. 清 康熙 畫琺瑯四季花卉瓶

Painted enamel vase with floral decoration
K'ang-hsi reign (1662-1722)
列三六 048 故琺 03.11.000677 院 1947
高 13.7cm 口徑 4.1cm 重 190.4g

　　銅胎，侈口，削肩，梨腹瓶。器內施湖藍釉，外表黃地，口沿下垂葉片裝飾，頸腹部繪杏、荷、牡丹和紅、白梅花，腹下方飾兩層蓮瓣，圈足垂飾蓮瓣紋。底白地書藍色「康熙御製」雙方框雙行隸書款。

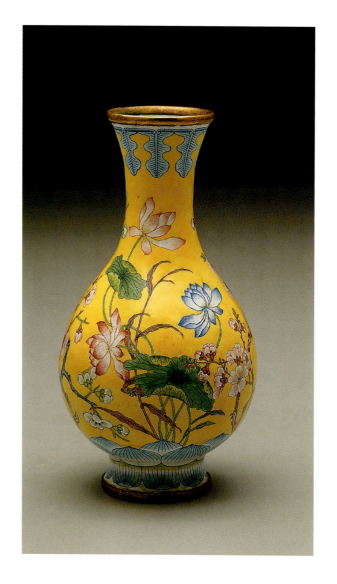
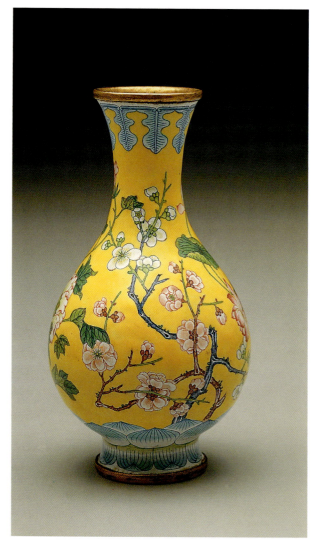

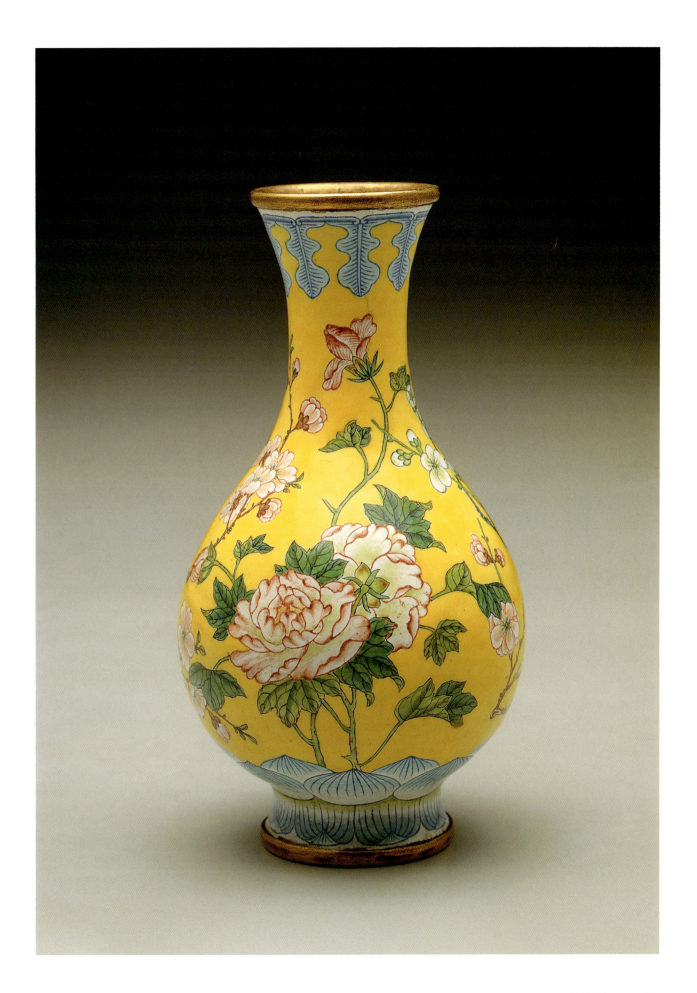

明清琺瑯工藝 179

87. 清 康熙 畫琺瑯壽同山岳、福共海天觀音尊一對

Pair of painted enamel *Kuanyin-tsun* vessel with longevity and happiness motif

K'ang-hsi reign (1662-1722)

列三六 01 之 1-2　故琺 03.11.000044-45　院 2035

高 13.2-13.3cm　口徑 3.9cm　重 167.0-179.8g

　　銅胎，侈口，削肩，梨腹，外撇圈足瓶。器內施淺藍釉，口沿與圈足繪卷草紋，頸部淺藍地繪四朵圖案花卉，肩飾四片如意雲頭，並分別垂掛書有「壽」「同」「山」「岳」，和「福」「共」「海」「天」之纓絡至腹部，腹部黃地，分別繪桃、佛手(香櫞)、石榴、荔枝，和蓮、無花果、葡萄、瓜；腹下方飾蓮花四朵。底白地書紅色「康熙御製」藍雙方框雙行楷書款。

　　此組文物曾於西元1961年赴美參加中華文物巡迴展。

明清琺瑯工藝 181

88. 清 康熙 畫琺瑯牡丹唾盂

Painted enamel spittoon with peony decoration

K'ang-hsi reign (1662-1722)

列三六 02 故琺 03.11.001030 院 31

高 7.6cm 口徑 5.7cm 重 196.9g

　　銅胎，侈口、削肩，垂腹大圈足瓶。器內施淺藍釉，外表黃地，頸繪圖案花葉，瓶腹繪牡丹花葉三朵。底白地書藍色「康熙御製」雙方框雙行楷書款。

　　此件文物曾於西元1935年參加英國倫敦中國藝術國際展、1961年赴美參加中華文物巡迴展。

明清珐琅工艺 183

89. 清 康熙 畫琺瑯蓮花蓋碗

Painted enamel covered bowl with
lotus-blossom decoration

K'ang-hsi reign (1662-1722)

列三六 017 故琺 03.11.000017 院 31
通高 9.5cm 蓋徑 11.4cm 重 249.2g

　　銅胎，雙層圓冠式蓋，鍍金球鈕，碗腹鏨成淺浮雕式三重瓣的蓮花。器內施淺藍釉，蓋面自中央向外繪蓮心、三層蓮瓣及蓮葉。碗口飾一周蓮子紋，腹就浮雕的三重蓮瓣繪飾花脈，圈足繪成蓮柄。底白地書紅色「康熙御製」雙方框兩行楷書款。

　　此件文物曾於西元1935年參加英國倫敦中國藝術國際展。

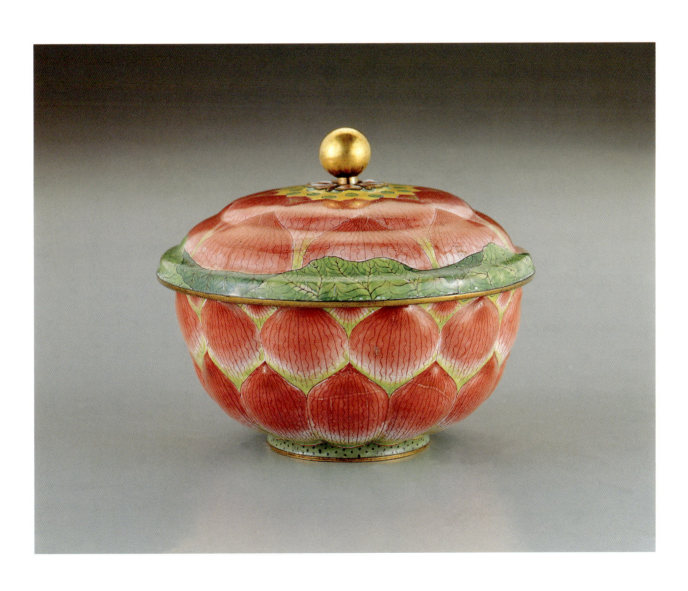

90. 清 康熙 畫琺瑯牡丹方壺

Painted enamel square ewer with peony decoration

K'ang-hsi reign (1662-1722)

列三六 060 故琺 03.11.000224 院 1970

高 9.0cm 肩 7.0x8.9cm 重 298.0g

　　銅胎，壺蓋、流及把手均成方形，四個倒梯形焊合成壺身。器內施淺藍釉，器表黃地，長方蓋鈕畫成牡丹花心，蓋面鏨成凸起的牡丹花瓣，塗施粉紅釉。肩飾轉枝牡丹，壺腹四面畫各色折枝牡丹兩朵。底成瓦狀內凹，白地書紅色「乾隆年製」雙方框雙行楷書款。

91. 清 康熙 畫琺瑯菊花方壺

Painted enamel square ewer with chrysanthemum decoration

K'ang-hsi reign (1662-1722)
列三六 042 故琺 03.11.001029 院 31
通高 9.6cm 口徑 6.0cm 重 398.4g

　　銅胎，菊瓣式子母蓋，蓋面鏨成一朵淺浮雕式花瓣平展的菊花，以柱頭式之鈕為花心，壺身四面方而邊角圓滑，方形的流與把手，鍍金圈足亦成菊瓣式。壺內施淺藍釉，器表頸部淺藍地，每一菊瓣內畫一菊花，腹部黃地，四面以菊瓣式銅圈圍成開光，內繪一盛開的菊花，開光外繪折枝菊花枝葉，流與把手飾圖案式菊花。底白地書藍色「康熙御製」雙圓框雙行楷書款。

　　此件文物曾於西元1935年參加英國倫敦中國藝術國際展、1961年赴美參加中華文物巡迴展。

明清琺瑯工藝

92. 清 康熙 畫琺瑯花卉盒

Painted enamel box with floral decoration

K'ang-hsi reign (1662-1722)

列三六 037 故琺 03.11.000378 院 1987

高 7.5cm 盒徑 20.9cm 重 845.6g

　　銅胎，蓋與盤口呈十二瓣花式，盒內以彎曲的立壁隔分成七部份，中央為圓形，其餘呈彎曲不規則形，器形係仿萬曆朝瓷盒的形制。折沿盒口黃地飾牡丹花葉，盒內施淺藍釉。器表黃地，球鈕之蓮瓣座包圍一朵牡丹花，外圍繪不同的轉枝花卉，兩兩相同共六色六類，蓋邊緣白地飾藍色雲紋，盒身的裝飾與蓋面相同，圈足黃地飾雲紋。底白地書藍色「康熙御製」雙方框雙行楷書款。

　　此件文物曾於西元 1998 年參加巴黎「帝國的回憶」展。

明清琺瑯工藝　189

93. 清 康熙 畫琺瑯蓮花式碟

Painted enamel dish in the shape of a lotus flower

K'ang-hsi reign (1662-1722)

列三六 032 之 2 故琺 03.11.000380 院 1987

高 1.8cm 徑 10.4cm 重 85.8g

　　銅胎，七片蓮瓣圍成撇口的小淺碟，碟壁鏨成十四楞，圈足也成七片蓮瓣式。碟壁面黃地，繪各色番蓮七對，背面飾圖案式雙鉤的卷草紋七組。盤心為淺藍地，中央繪牡丹周圍繪各種花卉。底白地書藍色「康熙御製」雙圓框雙行隸書款。

明清珐琅工藝 191

94. 清 康熙 畫琺瑯鳳紋盤

Painted enamel plate with phoenix decoration

K'ang-hsi reign (1662-1722)

列三六 055 故琺 03.11.000374 院 1987

高 2.2cm 口徑 22.4cm 重 611.4g

　　銅胎，十六瓣花式的鳳紋盤，盤口折成平臺式，白地繪藍色卷草紋，矮立的盤壁，內繪各色草葉紋，外飾各色螭紋，盤心中央渲染紅色圖案花，八隻祥鳳滿佈黃地的盤面；盤背白地，中央書褐色「康熙御製」雙圓框雙行楷書款，周圍放射出八片卷葉紋，用褐色勾葉形及葉脈，以黃、藍色釉渲染。器形美觀，釉料色階變化多而光潔，畫面層次分明猶如琺瑯彩瓷，應為康熙晚期畫琺瑯技藝發展成熟階段的作品。

　　此件文物曾於西元1996年赴美參加中華瑰寶巡迴展。

明清珐琅工藝 193

95. 清 康熙 畫琺瑯花卉方盤

Painted enamel square plate

K'ang-hsi reign (1662-1722)

列三六 0 36 之 1 故琺 03.11.000375 院 1987

高 2.2cm 最大邊長 18.8cm 重 458.8g

　　銅胎，邊成波浪式立壁方形盤。口沿白地飾卷草紋，盤壁內為淺藍地飾花卉，外壁黃地飾花卉。盤心黃地由波浪式縱橫線條分成二十五格銀錠形，每格內畫不同的花卉，例如牡丹、萱草、菊、桃、梅、茶、石榴、牽牛花、靈芝、蓮荷、水仙、蘭、秋葵等折枝花；底與盤心相同，但先將二十五格暈染成淺藍、紫、黃、紅綠等色格，再繪夔、蕉葉、冰裂、螭、雲、花葉、獸面等紋飾，中央書藍色「康熙御製」無框雙行隸書款。

96. 清 康熙 畫琺瑯梅花鼻煙壺

Painted enamel snuffbox with
plum-blossom decoration

K'ang-hsi reign (1662-1722)

呂二0六八補3 故琺 07.11.000823 院 1910

高 7.6cm 重 54.4g 故雜 2037

銅胎，削肩扁腹鼻煙壺。壺內露胎，鏨花銅蓋下木塞附骨匙。器表白地，頸繪朵花，肩繪花蝶，壺腹前後開光處飾日本風格的黑漆地繪金色梅花（蒔繪 makie），瓶側繪紅白梅花。橢圓形圈足底封實，白地書紅褐「康熙御製」無框雙行隸書款。該器乃接合琺瑯與漆器工藝之稀有精美文物。

此件文物曾於西元1996年赴美參加中華瑰寶巡迴展。

97. 清 雍正 畫琺瑯牡丹荷蓮鼻煙壺

Painted enamel snuffbox with peony-and-lotus decoration

Yung-cheng reign (1723-1735)

列四七一之 10 故琺 03.11.000210 院 1970

高 5.4cm 重 29.0g

　　銅胎，扁圓鼻煙壺。壺內露胎，銅蓋下木塞附牙匙。壺身前後開光內淺藍地，分別繪牡丹和荷蓮，兩側淺紫色地飾西洋裝飾花紋。略內凹的橢圓底，白地書藍色「雍正年製」無框雙行宋體字款。

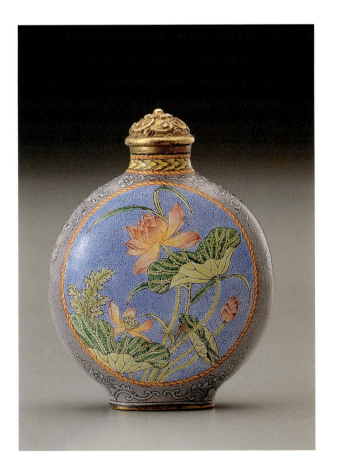

明清琺瑯工藝　197

98. 清 雍正 畫琺瑯蟠龍瓶

Painted enamel vase decorated with coiled dragon

Yung-cheng reign (1723-1735)

列二五三 故琺 03.11.000690 院 2027

高 21.3cm 足徑 8.8cm 重 1183.7g

銅胎，器形仿自喇嘛教的藏草瓶。折沿口呈車輪式，平肩，斂腹，肩鑲二鍍金正面獨角花尾高浮雕式夔龍。鍍金口面陰刻轉枝番蓮，口壁繪如意雲頭及花草紋。頸鐫一圈去地陽紋的轉枝草葉為裝飾重點，上方為淺藍地畫深藍色的轉枝花葉，下方為黃地轉枝牡丹；器腹明黃地滿飾各色牡丹花葉及桃實、蝙蝠、靈芝等。矮圈足鍍金，器底陰刻「雍正年製」無框雙行楷書款。

此瓶器形別緻，全器以明黃色為地，繪飾象徵福（蝙蝠）壽（桃實、靈芝）富貴（牡丹）的紋飾，並鑲金工精美的正面夔龍，全器表現出皇室用器之富麗堂皇，應是皇帝御用之器。

明清琺瑯工藝

99. 清 雍正 畫琺瑯花蝶盤

Painted enamel plate with
flower-and-butterfly decoration
Yung-cheng reign (1723-1735)
列二五四 故琺 03.11.000683 院 2027
高 1.6cm 徑 15.4cm 重 148.4g

　　銅胎，五瓣花式折沿矮圈足淺盤。盤面黃色地，中央繪一對鳳蝶，餘均滿飾牡丹及雜花，部份蝶與花葉紋飾重疊，這種紋飾俗稱為穿花蝶或喜相逢。盤壁背面為淺藍地繪轉枝花卉。盤底白地隱現冰裂的釉層，書紅色「雍正年製」雙方框雙行宋體字款。

100. 清 雍正 畫琺瑯烏木把手執壺

Painted enamel ewer with ebony handle

Yung-cheng reign (1723-1735)

列二五七 故琺 03.11.000689 院 2027

高 16.8cm　最寬 16.4cm　重 549.5g

　　銅胎，烏木蓋鈕，雙層圓冠式蓋，與烏木把手以轉軸相連，壓下按鈕即可開啟；梨形壺身，壺流自腹面伸出的方向與把手成九十度，流口有鏤成淺浮雕式對鳳的流蓋，矮圈足。壺蓋上層黃地飾如意雲頭紋、轉枝花葉，下層黑地繪裝飾圖案花葉；壺身滿繪各種花葉，底白地飾枝葉，中央藍色雙圓框內書紅色「雍正年製」雙行楷書款。

　　此壺的形制和紋飾的式樣均與傳統的不同，顯然是受西洋文化的影響；烏木的把手和蓋鈕，與明亮的黑釉相呼應，充份地表現出雍正朝畫琺瑯的時代特色。

　　此件文物曾於西元1998年參加巴黎「帝國的回憶」展。

明清琺瑯工藝　201

101. 清 雍正 畫琺瑯福壽扁圓盒

Painted enamel round box with
happiness and longevity motif
Yung-cheng reign (1723-1735)
午一四 故琺 03.11.000200 院 1970
高 2.6cm 徑 6.4cm 重 69.6g

銅胎，子母蓋扁圓盒。盒內施藍釉，蓋頂部由雲紋圍成圓形的開光，開光內白地繪日日櫻、靈芝、竹、蝙蝠及石等，蓋周圍和盒身為黑地飾各種轉枝花。底黃地由藍色雲紋圍成六瓣花形框，內白地書紅色「雍正年製」雙行楷書款。

明清琺瑯工藝 202

102. 清 雍正 畫琺瑯梅禽紋扁圓盒

Painted enamel round box with plum-blossom-and-fowl decoration

Yung-cheng reign (1723-1735)

列三六 011 故琺 03.11.000337 院 1902

高 4.8cm 徑 10.3cm 重 269.6g

銅胎，平頂扁圓盒。盒內施藍釉，蓋頂湖藍地繪紅白梅花、靈芝、帶狀祥雲及山雀一對，周圍和盒身黃地飾轉枝番蓮紋。底白地書藍色「雍正年製」雙方框雙行宋體字款。此類盒子通常作為印泥盒之用。

103. 清 雍正 畫琺瑯花鳥洗

Painted enamel basin with flower-and-bird decoration

Yung-cheng reign (1723-1735)

列二六一之 1 故琺 03.11.000686 院 2027

高 10.8cm 口徑 14.2cm 重 511.5g

　　銅胎，上侈下斂筒形器身，四象足。器內施淺藍釉，器表黃地八開光，依次繪蟠桃、葫蘆、雙蝠；朱梅、白梅；竹、山茶、雙蝶；禾穗、雙鵪；松和山鵲；蓮花；竹、牽牛花和山鵲；雙鵪、雙蝠和萱草。開光外填飾各種番蓮、牡丹及五瓣花葉，四足飾番蓮花。底黃地以雙鳳首尾相銜圍成圓框，中央藍圓框內白地書紅色「雍正年製」雙行宋體字款。

104. 清 雍正 畫琺瑯花卉渣斗

Painted enamel refise vessel with floral decoration

Yung-cheng reign (1723-1735)

列四八七 故琺 03.11.000230 院 1970

高 8.1cm 口徑 9.3cm 重 182.3g

　　銅胎，侈口，豐肩，斂腹，圈足渣斗，也稱痰盂、唾盂。器內施淺藍釉，口外壁淺藍地卷草紋錦，口沿繪裝飾圖案，頸飾番蓮花和蕉葉紋，肩部黑地畫雲紋和變形如意雲頭紋各一圈，器腹淺藍地飾卷草紋錦，四開光內黃地，分別繪牽牛花及雙蝶；荷花；竹、薔薇、雙燕；和梅、靈芝等，並於器腹下方裝飾一周牡丹花瓣和蕉葉。圈足飾雲紋一周。底淺藍地中央繪雙柿及紅蝠，祈求事事如意、洪福齊天，並於柿子上書藍色「雍正年製」無框雙行楷書款。

　　墨色琺瑯釉啟用於康熙朝，至雍正朝成熟並盛行，亮麗的色黑琺瑯釉，成為雍正朝畫琺瑯的一大特色。

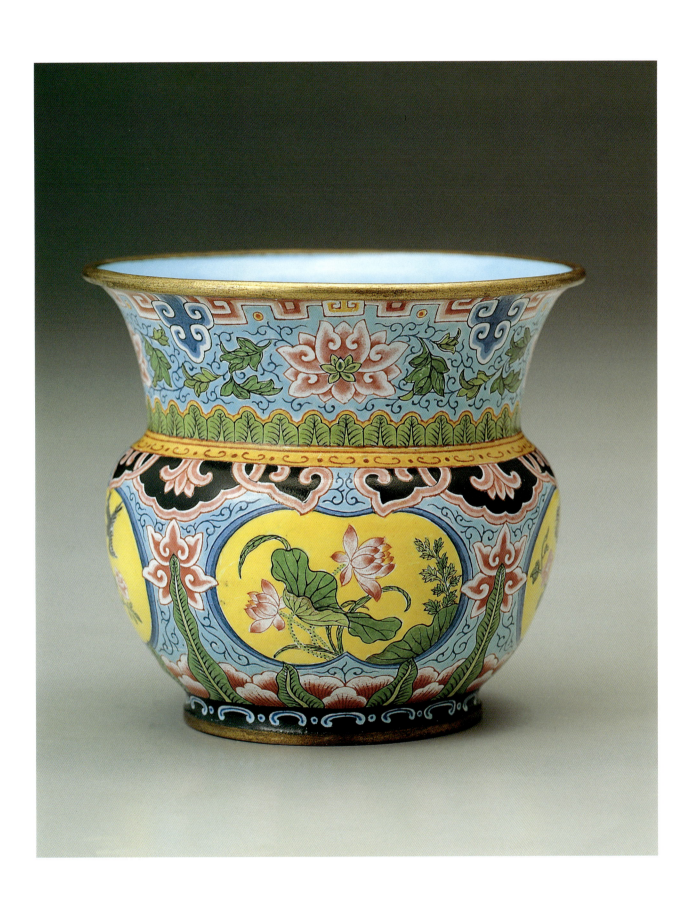

明清琺瑯工藝 207

105. 清 雍正 畫琺瑯子孫萬代福壽盃、盤

Painted enamel cup and saucer with happiness and longevity motif

Yung-cheng reign (1723-1735)

列四六九之 1-2 故琺 03.11.000494-495
院 1914
盃高 6.7cm 口徑 5.2cm 重 72.2g
盤高 1.1cm 長 13.4cm 寬 18.0cm 重 236.0g

　　杯：銅胎，蓮瓣座球鈕之斗笠蓋，斂腹，圈足。盃內施淺藍色釉，全器表面為粉橘色地繪桃枝花果和葫蘆瓜瓞為主紋，並於蓋面飾團壽四，杯腹則有蝙蝠飛翔花果間。盃底白地書藍色「雍正年製」雙方框雙行宋體字款。

　　盤：折沿淺壁橢圓形盤，中央隆起處為盃托，中央下凹處露胎。口沿深藍地飾轉枝花卉，盤面湖藍地繪桃枝花果和葫蘆瓜瓞，並有蝙蝠飛翔其間，盃托四周黃地書壽字裝飾。托盤外壁為粉橘地飾反白轉枝花葉，底施藍釉，盃托部位內凹處書黑色「雍正年製」無框雙行宋體字款。

　　〈造辦處各作成做活計清檔〉載雍正六年間曾燒製九壽托碟，命畫院畫家賀金昆繪畫；八、九年間又命郎世寧畫金胎蓋杯隨托碟。此托碟在杯托四周僅書有八壽，就文物的釉色及紋飾，其製造的時間應在雍正的中後期。

明清琺瑯工藝 209

106. 清 雍正 畫琺瑯雲紋穿帶盒

Painted enamel string-joined stacked boxes with cloud decoration
Yung-cheng reign (1723-1735)
列二六八之 1 故琺 03.11.000509 院 1914
高 13.3cm 口徑 8.3x3.8cm 重 346.4g

　　銅胎，扁橢圓式雙層盒，蓋與盒身兩側附穿鈕以黃條穿連成一體。器內淺藍釉，外黑地繪五彩祥雲，兩面紋飾相同。底略內凹，白地繪藍色卷草紋圍成長方形框，內書紅色「雍正年製」一行宋體字款。

　　〈造辦處各作成做活計清檔〉載雍正皇帝曾於雍正七年，因見洋漆萬字錦條結式盒，旨諭造辦處燒製黑琺瑯盒。此件文物形制與日本人盛藥的根付和印盒都很相似，黑釉亮麗光潔，可為雍正朝黑釉琺瑯器中的精品之一。

明清琺瑯工藝 211

107. 清 雍正 畫琺瑯花蝶蓋罐

Painted enamel covered jar with flower-and-butterfly decoration
Yung-cheng reign (1723-1735)
列二六六之 1 故琺 03.11.000503 院 1914
高 11.1cm 口徑 5.6cm 重 337.0g

　　銅胎，平頂蓋，斜肩，斂腹，矮圈足。器內施淺藍釉，外表除肩與腹下方各飾一圈淺紫地繪轉枝圖案花外，其餘均為白地裝飾各種花蝶團紋。底白地書藍色「雍正年製」雙圓框兩行宋體字款。乾隆朝也有完全照此罐仿製的作品（院 1956 故琺 03.11.000449）。

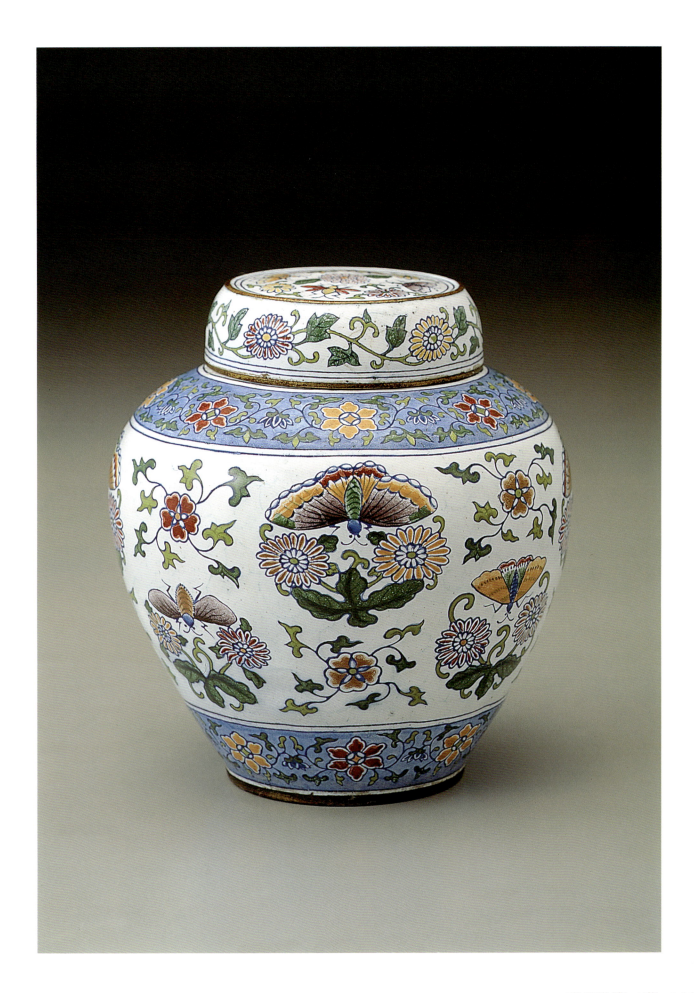

明清琺瑯工藝 213

108. 清 雍正 畫琺瑯包袱紋蓋罐

Painted enamel covered jar decorated with a painted sash

Yung-cheng reign (1723-1735)

列四八四 故琺 03.11.000221 院 1970

通高 12.1cm 口徑 3.6cm 底徑 5.0x5.7cm

重 259.8g

銅胎，圓冠式蓋鍍金球鈕，短頸，斜肩，扁橢圓式斂腹。器內施淺藍釉，蓋表黃地繪雲頭紋及朵花。頸藍地繪靈芝紋一圈，肩繪朵花，腹飾纏枝花卉，近肩處四開光，內畫番蓮紋。紅面藍邊的包袱半掩著器腹，紅色部份繪內含菊花的龜甲錦間裝飾對蝶、蝙蝠、桃實等，藍色部份繪卷草紋錦；包袱背面淺綠色繪寶相花。橢圓形底周圍淺綠色畫一圈轉枝菊花，中間為藍色雙圓圈交疊，圈內白地書紅色「雍正年製」兩行楷書款。

〈造辦處各作成做活計清檔〉載雍正十年曾製作洋漆包袱式盒。此件蓋罐的裝飾風格，頗具日本工藝美術的品味，可見雍正皇帝對日本的工藝品頗為賞識。

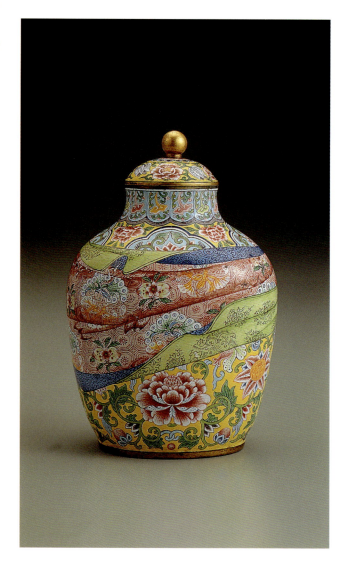

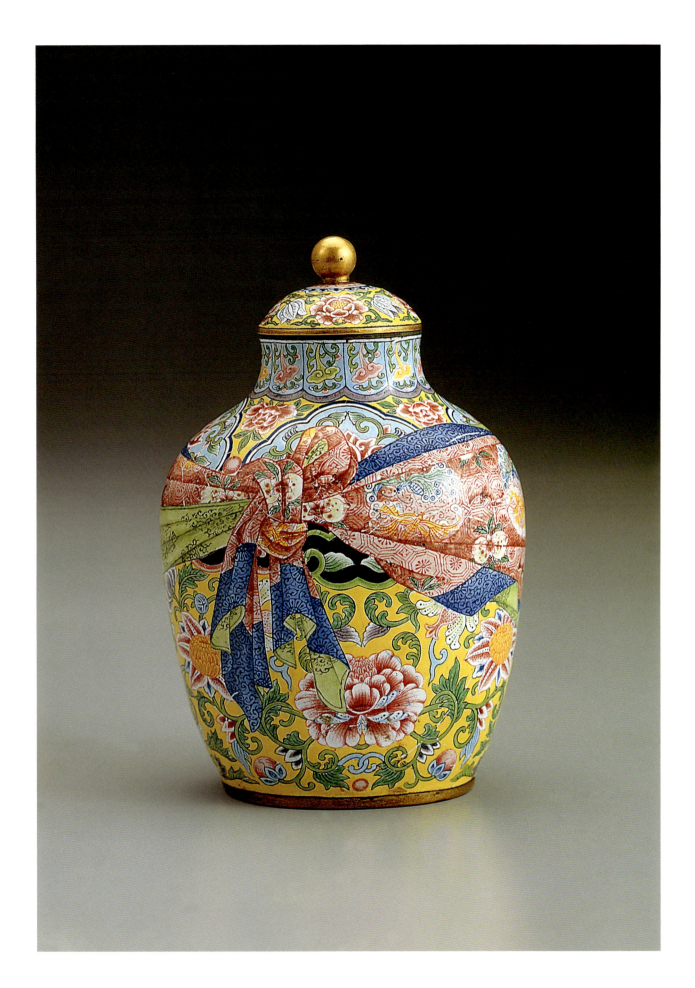

109. 清 乾隆 畫琺瑯包袱紋蓋罐

Painted enamel covered jar decorated with a painted sash

Ch'ien-lung reign (1736-1795)

列二二二之 2 故琺 03.11.000223 院 1970

通高 12.6cm 口徑 3.7cm 底徑 5.0x5.8cm

重 300.2g

此件文物形制大小與紋飾完全仿雍正款畫琺瑯包袱錦蓋罐，燒製技術較原件進步，釉色潔淨亮麗，然黑釉不及雍正時期之漆黑有光澤，部份線條也不如雍正款者流暢生動，應該是為了模仿而受拘束之故。

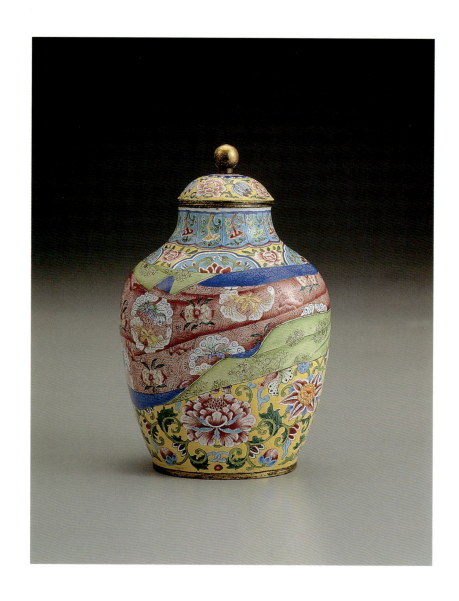

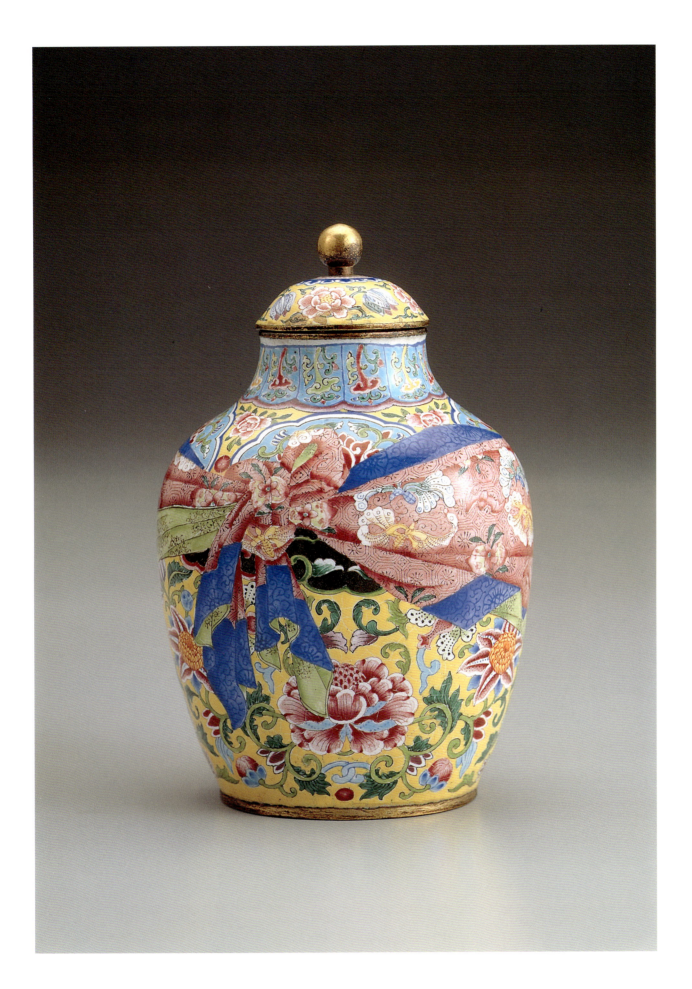

110. 清 乾隆 畫琺瑯菊花方壺

Painted enamel square ewer with chrysanthemum decoration

Ch'ien-lung reign (1736-1795)

列四二五 故琺 03.11.000500 院 1914

通高 9.9cm 口徑 6.0cm 重 482.6g

　　銅胎，菊瓣式子母蓋，蓋面以柱頭式之鈕為花心，鏨成一朵淺浮雕式花瓣平展的菊花，壺身四面方而邊角圓滑，流與把手呈方形，鍍金圈足亦成菊瓣式。壺內施淺藍釉，頸淺藍地，每一菊瓣內畫一小菊，壺腹黃地，四面以菊瓣式銅圈圍成開光，內繪不同色的盛開菊花一朵，開光外繪折枝菊花裝飾，流與把手飾圖案式菊花。底白地書藍色「乾隆年製」雙圓框兩行楷書款。

　　此器完全照康熙朝的菊花方壺仿製（圖版91），似不及康熙朝文物精美。

111. 清 乾隆 畫琺瑯牡丹方壺

Painted enamel square ewer with peony decoration

Ch'ien-lung reign (1736-1795)

列五二三之1 故琺 03.11.000102 院 1972

高 7.8cm 肩 8.2x7.0cm 重 375.0g

　　銅胎，蓋、流及把手均成方形，由四個倒梯形焊合成壺身。器內施淺藍釉，器表黃地，長方蓋鈕繪成牡丹花心，蓋面鏨成凸起的牡丹花瓣施粉紅釉。肩飾轉枝牡丹，壺腹四面飾各色折枝牡丹兩朵。底成瓦狀內凹，白地書紅色「乾隆年製」雙方框雙行楷書款。此器係仿康熙朝牡丹方壺之作品（圖版90），但釉色不及康熙朝製品明亮光潔。

112. 清 乾隆 畫琺瑯蘆雁圖瓶

Painted enamel vase with illustration of reed flowers and wild geese

Ch'ien-lung reign (1736-1795)

呂四一九 故琺 08.11.000826 院 2015

高 6.3cm 腹寬 4.2x3.5cm 重 54.7g

　　銅胎，圓口，粗頸，削肩，垂腹扁瓶。器內施淺藍釉，器表的口沿和圈足黃地飾回紋；瓶面淺紫藍地，繪蘆雁及芙蓉、秋菊、祥雲、坡石等。底白地書藍色「乾隆年製」雙方框雙行宋體字款。

明清琺瑯工藝 221

113. 清 乾隆 畫琺瑯花鳥雙耳瓶

Painted enamel amphora with flower-and-bird decoration

Ch'ien-lung reign (1736-1795)

呂四七五 12 故琺 03.11.000582 院 1906

高 15.1cm 腹徑 10.2cm 重 265.2g

　　銅胎，略侈口，長頸附變形夔龍耳，斜肩，扁球腹小瓶。瓶內施淺藍色釉，口下鏨淺浮雕式蓮瓣，頸中部鏨花葉、上下繪裝飾圖案和花卉；肩鏨飾花草及如意雲頭紋；腹部鏨成四楞式，四開光內施白琺瑯釉為地，繪各種花鳥，圈足畫蓮瓣紋。底白地書藍色「乾隆年製」雙方框雙行宋體字款。

明清珐琅工藝 223

114. 清 乾隆 畫琺瑯瓜楞式壺

Painted enamel round ewer

Ch'ien-lung reign (1736-1795)

呂四八八 24 之 1 故琺 03.11.000587 院 1906

高 8.7cm 腹寬 10.5cm 重 235.6g

　　銅胎，八楞式的壺蓋、腹、及圈足，流自腹部龍口伸出，把手上下飾龍首。內施淺藍釉，球鈕座的周圍飾圖案花，蓋面黃地渲染赭色花卉及山水。壺口下方及圈足上方飾回紋一圈，肩垂內含人字鎧甲錦之如意雲頭紋，腹部分別繪梅、荷、牡丹、蜀葵等四季花卉及不同的山水。底白地由赭色的夔龍蟠成圓框，內書藍色「乾隆年製」雙行楷書款。

115. 清 乾隆 畫琺瑯風景蓋罐

Painted enamel covered jar decorated with landscape scenes

Ch'ien-lung reign (1736-1795)

列三七五之 4 故琺 03.11.000119 院 1977

高 14.5cm 連座高 19.9cm 腹徑 13.8cm

重 837.4g

　　銅胎，圓冠式蓋鑲蓮瓣座之珊瑚鈕，直頸，削肩，斂腹，外撇圈足。器內施淺藍釉，頸淺藍地飾四條行龍，其餘的器表為黃地繪各種西洋式纏枝花為錦，蓋、肩、腹各四開光，分別以棗紅、藍和微紫紅的色釉渲染傳統山水人物裝飾，腹下方繪飾穿花鳳一對，圈足飾轉枝花卉。底白地書藍色「乾隆年製」雙方框雙行宋體字款。鑄鎪與蓋面類同紋飾之鍍金座搭配。

明清珐琅工藝 227

116. 清 乾隆 畫琺瑯花鳥蓋罐

Painted enamel covered jar with flower-and-bird decoration

Ch'ien-lung reign (1736-1795)

列六四七之 1 故琺 03.11.000453 院 1956

高 12.5cm 腹徑 12.1cm 重 406.9g

銅胎，圓冠式蓋鑲蓮瓣座之球鈕，侈口，削肩，斂腹。器內施淺藍釉，器表黃地，蓋繪如意雲頭紋和轉枝花葉，頸繪裝飾圖案，肩部鏨刻蓮瓣裝飾，器腹以卷草紋為錦，四開光內繪各種花鳥，並於兩開光間裝飾十字架形的圖案，充份流露出中西合璧式的裝飾風格。底白地書藍色「乾隆年製」雙方框雙行宋體字款。

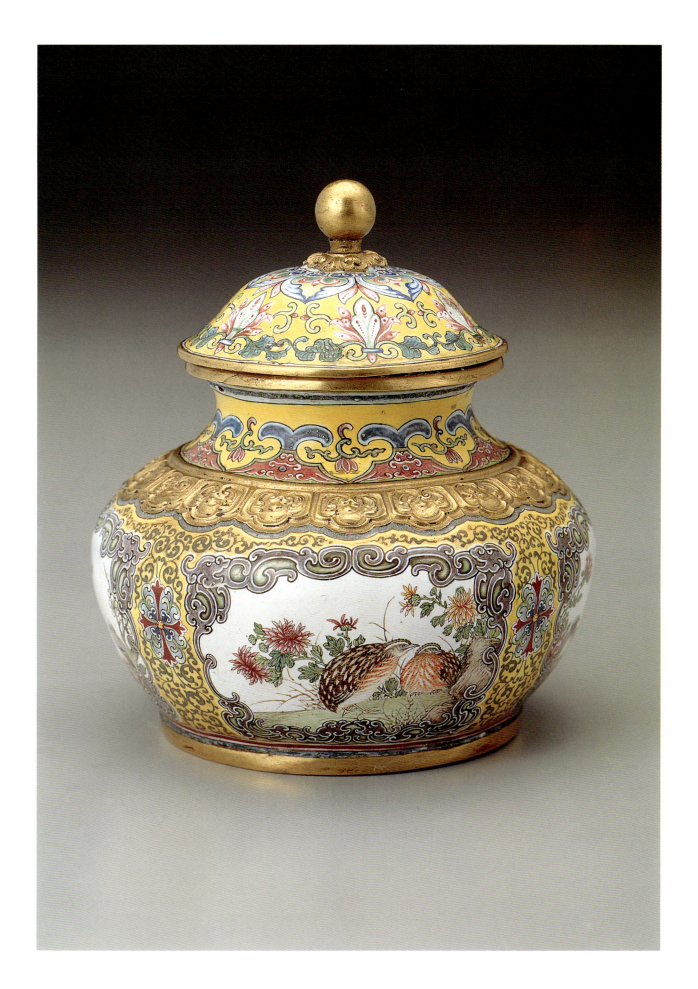

117. 清 乾隆 畫琺瑯風景渣斗

Painted enamel refuse vessel decorated with landscape scenes

Ch'ien-lung reign (1736-1795)

列六四五 故琺 03.11.000558 院 1990

高 9.8cm 口徑 10.8cm 重 318.7g

　　銅胎，侈口，斜肩，斂腹。如意雲頭紋與鏤空雲紋圍成圈足。器內施淺藍釉，器表黃地，口內繪三對有翼夔龍（或稱摩羯）及轉枝草葉，口外壁飾六對回首夔紋和蕉葉；頸飾八瓣圖案花一圈，肩部裝飾卷草紋和十二對鳳鳥紋；器腹大小開光各三，內畫不同的風景；底白地書藍色「乾隆年製」雙方框雙行宋體字款。

　　全器以黃色為地，紋飾與色彩富麗，以龍鳳為裝飾主題，為皇室御用之器。

明清琺瑯工藝 231

118. 清 乾隆 畫琺瑯西洋母子圖提梁壺

Painted enamel ewer with loop handle and illustration of Western mother and child

Ch'ien-lung reign (1736-1795)

列六四六之 1 故琺 03.11.000231 院 1970

高 9.9cm 足徑 5.2cm 重 352.8g

　　銅胎，圓冠式蓋鑲蓮瓣座之球鈕，短頸，肩內凹，斂腹。器內施淺藍釉，器表除壺流及頸飾轉枝青花外，餘均黃地，蓋繪轉枝花葉，肩以雲紋、卷草及花朵各一圈為裝飾，壺腹前後開光內畫西洋母子和風景，側面一小開光內畫風景，鍍金圈足上方飾轉枝花草和連珠紋。鍍金提梁當中穿飾長琺瑯珠，兩端以仰覆蓮瓣及蓮蓬鑲附在肩部。底淺藍地書深藍「乾隆年製」雙方框雙行宋體字款。

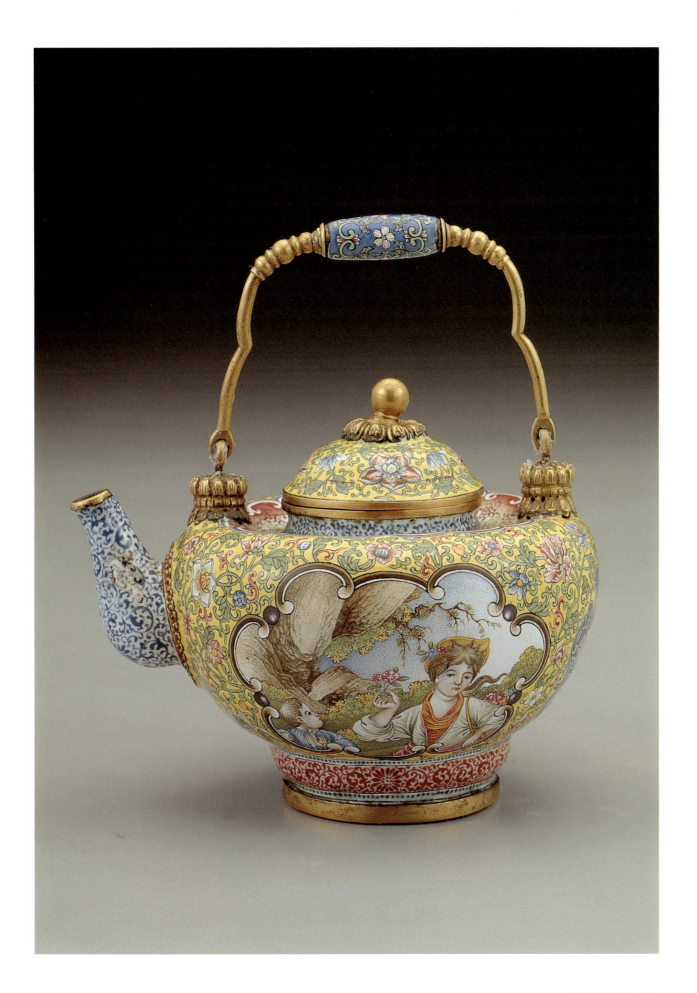

明清珐琅工艺 233

119. 清 乾隆 畫琺瑯西洋母子圖罐

Painted enamel jar with illustration of Western mother and child

Ch'ien-lung Reign (1736-1795)

列三九九 15 之 3 故琺 03.11.000081 院 1972

高 6.8cm 口徑 5.2cm 重 178.3g

　　銅胎，鼓形腹下附如意雲頭式足三，獅鋪首銜環耳。器內施淺藍釉，器表上下各畫一圈兩兩豎立相對的雲紋為裝飾，鼓腹飾百花錦，前後開光內畫西洋母子圖和風景，底白地書藍色「乾隆年製」雙方框雙行宋體字款。

120. 清 乾隆 畫琺瑯西洋人物觀音瓶

Painted enamel *Kuanyin* vase decorated with Western figures

Ch'ien-lung reign (1736-1795)

列四二七 9 故琺 03.11.000136 院 1977

高 21.1cm 腹徑 9.9cm 重 625.1g

銅胎，侈口，縮腰頸，豐肩，斂腹，外撇圈足，頸鑲龍耳。瓶內施湖藍釉，器表黃地，口沿下和肩部飾一周白地畫藍卷草紋；其餘則以纏枝花為錦，頸的前後開光處分別畫柳、杏、雙燕，與朱梅、竹、白頭翁一對；腹部兩開光內繪西洋人物，腹下方飾一圈圖案式花瓣，圈足飾回紋。底白地書藍色「乾隆年製」雙方框雙行宋體字款。

此件文物曾於西元1961年赴美參加中華文物巡迴展、1996年赴美參加中華瑰寶巡迴展。

明清琺瑯工藝 235

121. 清 乾隆 畫琺瑯西洋人物碟

Painted enamel dish decorated with
Western figures
Ch'ien-lung reign (1736-1795)
列六四八之 1 故琺 03.11.000611 院 2008
高 1.9cm 口徑 13.2cm 重 196.0g

　　銅胎，折沿斜壁圓底碟。盤沿黑地畫金色卷草紋，壁飾兩周裝飾圖案，盤心繪西洋景致及人物，盤外壁於紫紅、黑及粉紅地上各繪一圈卷草紋，碟底黑地，於繁複的裝飾圖案中央白地書藍色「乾隆年製」圓框上下右左排列楷書款。

　　此件文物曾於西元1996年赴美參加中華瑰寶巡迴展。

122. 清 乾隆 畫琺瑯西洋人物牧羊圖碟

Painted enamel dish with illustration of Western figures in pastoral scene
Ch'ien-lung reign (1736-1795)
列六四八之1 故琺 03.11.000611 院 2008
高 1.7cm 口徑 10.1cm 重 92.7g

　　銅胎，折沿斜壁圓底碟。盤沿黑地畫金色卷草紋為錦，間飾背後有肉翅的天使五位，盤壁飾一周繩紋，盤心繪西洋人物牧羊圖；盤外壁黑地畫兩圈金色卷草紋裝飾，碟底黑地繪西洋裝飾紋式及蝙蝠四隻，中央白地書藍色「乾隆年製」圓框上下右左排列楷書款。全器紋飾中流露出西洋裝飾的風格，但仍納入國人用來象徵祈福的蝙蝠紋飾。

明清琺瑯工藝 237

123. 清 敬製款畫琺瑯番蓮紋蓋盒

Painted enamel covered box with
ching-chih mark

Ch'ien-lung reign (1736-1795)

列六二七 故琺 03.11.000184 院 1951

高 11.7cm 口徑 16.4cm 重 769.2g

　　銅胎，蓮瓣座白料蓋鈕之圓形蓋盒。盒內施淺藍釉，器表黃地繪轉枝番蓮紋，底白地繪紅色對夔龍為框，內書藍色「敬製」楷書款。

　　附木匣上陰刻填藍「乾隆年製銅胎廣琺瑯西番蓮圓盒一件」。就紋飾風格及落款的方式，應為十八世紀中期由廣東進貢之文物。

124. 清 乾隆 畫琺瑯雙連蓋罐

Painted enamel joined covered jars
Ch'ien-lung reign (1736-1795)
呂四八八 30 故琺 03.11.000527 院 1919
高 31.0cm 腹寬 18.5cm 重 2038.0g

　　銅胎，器形略成雙鯉魚形，仰覆蓮瓣座鑲紅料鈕二。器內施淺藍釉，器表黃地，除了口沿及圈足上方繪如意雲頭紋、頸飾蕉葉外，餘均飾各種變形的番蓮、菊、茶、牽牛花、桃、蓮花、牡丹等的纏枝花。底白地書藍色「乾隆年製」雙方框雙行宋體字款。此類器形的文物，其名稱除了名之「雙連」外，常常也稱之為「合歡」，例如合歡罐、合歡盒等名字。

125. 清 乾隆 畫琺瑯纏枝花卉蓋碗及托

Painted enamel covered bowl and tray with interlocking floral decoration
Ch'ien-lung reign (1736-1795)
呂四七五 24 故琺 03.11.000325-326 院 2033
通高 18.9cm 碗高 14.0cm 口徑 14.4cm
重 602.6g
托高 6.1cm 最大徑 15.7cm 重 445.1g

碗：銅胎，斗笠形蓋，蓮瓣座鑲浮雕番蓮紋的桃形鈕，侈口，垂腹，圈足碗。器內施湖藍釉，器外黃地繪纏枝番蓮紋，圈足飾回紋，底白地書藍色「乾隆年製」雙方框雙行楷書款。

托：筒式杯下為六瓣菱花形碟與高圈足。杯內施湖藍釉附錦墊，器表黃地繪纏枝番蓮枝紋，圈足飾蓮瓣及圖案花紋，底露胎，碟下方湖藍地，於一菱瓣上書藍色「乾隆年製」一行無框楷書款。

126. 清 乾隆 畫琺瑯雷紋獸耳銜環蓋罐

Painted enamel covered jar with rings, animal handles, and thunder decoration
Ch'ien-lung reign (1736-1795)
呂四七五 15 之 1 故琺 03.11.000669 院 1947
高 12.4cm 口徑 6.4cm 重 335.5g

　　銅胎，桃鈕之二階圓冠式蓋，罐腹上削下斂中部尖凸成陀螺式，獸首環耳，高圈足。器內施灰藍釉，器表墨綠地描金雷紋為錦，繪獸面及犧牛等紋飾，有掐絲琺瑯的效果。底墨綠地描金「乾隆年製」雙方框雙行楷書款。

127. 清 乾隆 畫琺瑯壺式蓋罐

Painted enamel ewer-shaped covered jar

Ch'ien-lung reign (1736-1795)

呂四八八 20 故琺 03.11.000644 院 1950
高 17.2cm 口徑 8.3x4.2cm 重 378.4g

　　銅胎，仿戰國青銅壺的形制製成，桃鈕之二階式蓋，肩附銅摩羯耳。器內施淺藍釉，器表白地，以縱橫藍線劃分成許多格子，格內黑色雷紋錦間飾各種姿態之貂。底白地書紅色「乾隆年製」雙方框雙行楷書款。雷紋錦地的線條細密而工整，是畫掐絲琺瑯效果器物中的精品。

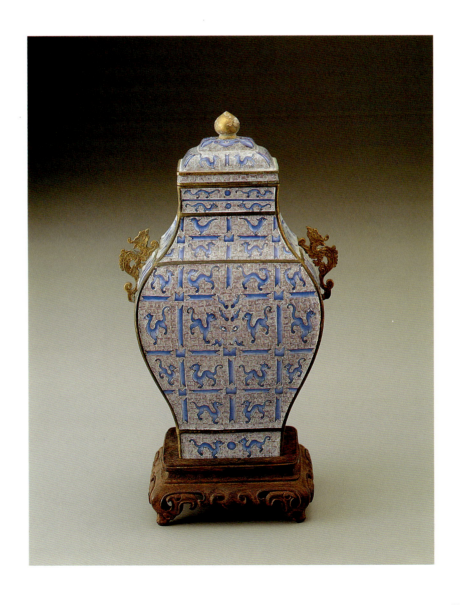

128. 清 乾隆 畫琺瑯花卉渣斗

Champleve-imitating painted enamel refuse vessel

Ch'ien-lung reign (1736-1795)

呂四七五 14 之 2 故琺 03.11.000240 院 1988

高 8.2cm 口徑 8.8cm 重 145.3g

銅胎，侈口渣斗，或稱為唾盂。器內施淺藍釉，器表黃地繪紅色芍藥和紫色番蓮花，然後施一層透明釉，最後用金彩於透明釉上無紋飾的部份畫弦紋為錦地，並以金彩鉤勒花瓣和葉片的輪廓及葉脈，試圖繪成有內填琺瑯外觀的效果。底白地書紅色「乾隆年製」雙方框雙行楷書款。

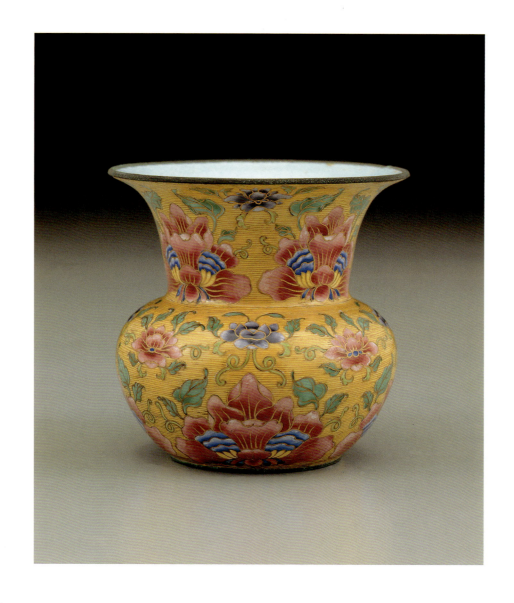

129. 清 乾隆 畫琺瑯荷葉式盒

Painted enamel box in the shape of a lotus leaf

Ch'ien-lung reign (1736-1795)

呂四八八 17 故琺 03.11.000372 院 1987

高 6.2cm 口徑 12.4 x 14.1 cm 重 682.5g

　　銅胎，器形呈不規則的荷葉形式，蓋鏨成淺浮雕式一把蓮的紋飾，蓮柄跨越盒身至圈足。器內塗淺藍釉，器表施淺綠釉為地，以深綠線條繪出若隱若現的粗細葉脈為錦，繪粉紅蓮花、蕾苞及翠綠葉、柄和蓮蓬等，矮圈足飾裝飾圖案。底白地中央書紅色「乾隆年製」雙方框兩行楷書款。

130. 清 乾隆 畫琺瑯蓮瓣式蝶蟲蓋罐

Painted enamel lotus petal-shaped covered jar with butterfly-and-insect decoration

Ch'ien-lung reign (1736-1795)

呂四七五 77 之 1 故琺 03.11.000535 院 1943

高 26.1cm 腹寬 15.0cm 重 1003.5g

銅胎，球紐展檐斗笠式蓋，蓋沿由大小雲紋各四圍成，蓋面鏨成四片蓮瓣式凸起；罐口呈八瓣花式，八楞式頸，器腹由凸起的大小蓮瓣各四包圍成，底呈四瓣海棠式內凹。全器除頸和肩部為淺藍地繪花果紋外，餘以粉紅及黃綠色暈染蓮瓣，並於其上繪蝶、蜻蜓、蝸牛、蜂、甲蟲、蟋蟀、蚱蜢、蝗蟲等。底白地書紅色「乾隆年製」雙方框雙行楷書款。附木座。

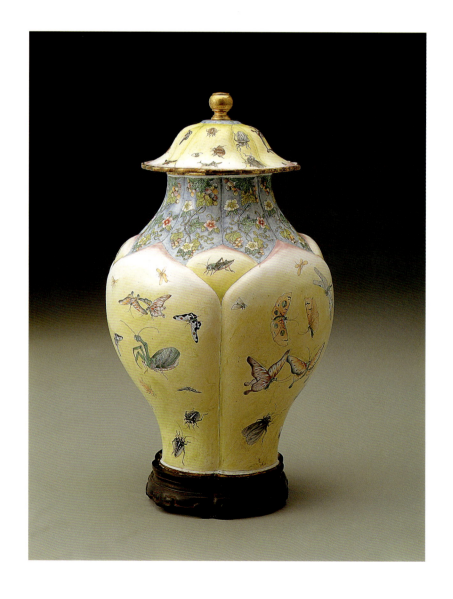

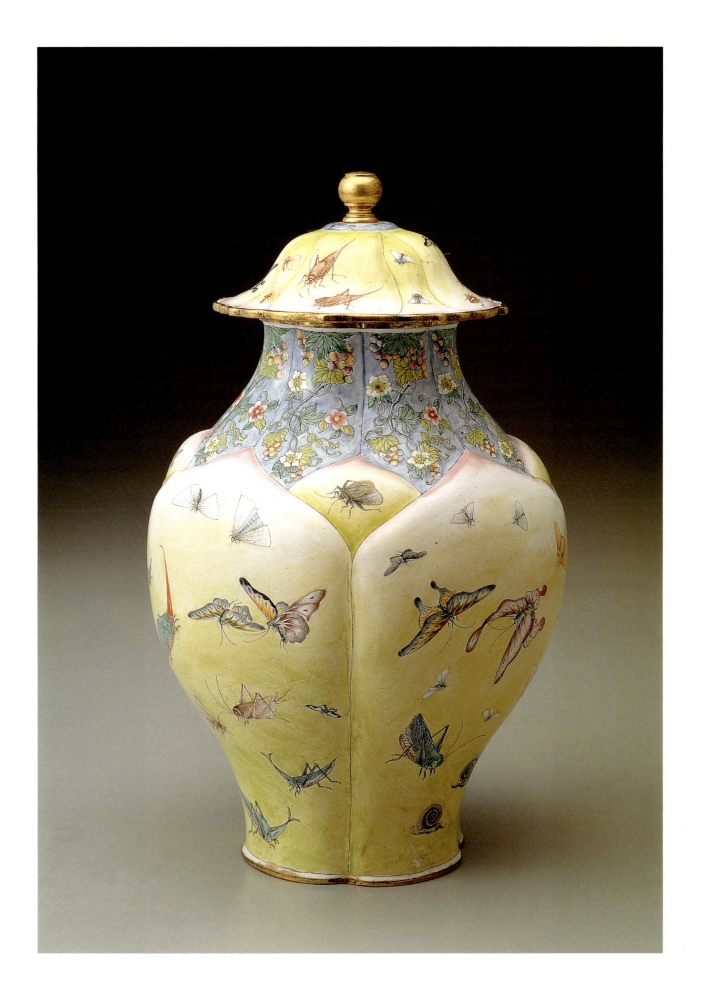

明清珐琅工藝 247

131. 清 畫琺瑯羅漢蓋碗

Painted enamel covered bowl with *Luo-han* decoration

Ch'ien-lung reign (1736-1795)

藏三一八 8 故琺 03.11.000518 院 1973

高 10.0cm 口徑 12.5cm 重 480.0g

　　銅胎，覆淺盞式蓋，侈口，垂腹碗。碗內白色底釉上罩綠色面釉，器表白地，圈足式蓋鈕外壁飾卷草紋，其內白地中央飾折枝雙桃和花葉，蓋面繪各類花蝶草蟲，器腹繪九羅漢及一童子，於坡石古木山野間悠閒論道，雲端隱現飛龍，圈足繪卷草紋，底白地紅色雙圓框內繪雙夔龍。應為十八世紀中期之文物。

明清琺瑯工藝　249

132. 清 乾隆 畫琺瑯花薰

Painted enamel perfumery

Ch'ien-lung reign (1736-1795)

列五六六 故琺 03.11.000598 院 2008

高 14.9cm 口徑 22.5cm 重 978.3g

　　銅胎，鏨焊卷葉、番蓮花、團卍壽、蝙蝠等成鏤空覆缽式罩蓋，蓮瓣座鑲珊瑚珠為鈕，蓋內施淺藍釉，外填燒五彩琺瑯釉。器身侈口，豐腹，圈足。器內施淺藍地，壁繪深藍色轉枝花葉，底墨繪山水人物；器外口沿飾回紋，碗壁飾萬花錦，以曲線繞成雙錢紋及開光各六，開光內白地繪花蝶（牡丹與對蝶；紅白梅花松樹與對蝶；菊花與對蝶）和渲染山水人物各三，圈足上繪夔紋，圓底周圍飾一圈轉枝花草，當中湖藍地繪桃實、水仙、牡丹、竹、靈芝等，花果間書藍色「乾隆年製」宋體字款上下右左排列。附木座。

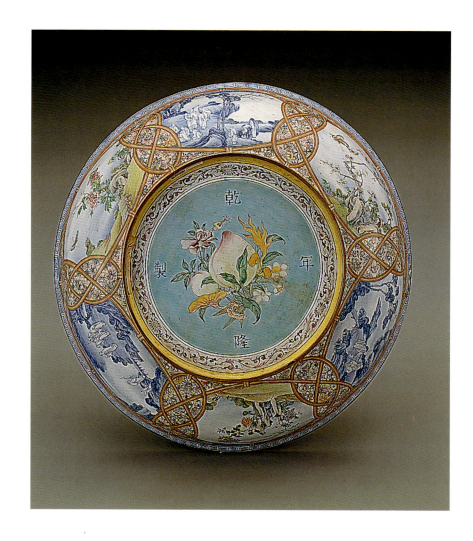

明清珐瑯工藝 251

133. 清 乾隆 畫琺瑯花式茶盤

Painted enamel flower-shaped tea tray
Ch'ien-lung reign (1736-1795)
藏三一八 9 故琺 03.11.000440 院 2014
高 2.0cm 口徑 cm 24.7x24.2cm 重 449.5g

　　銅胎，斜壁、十字形花式平底盤。內外盤壁黃地畫纏枝花葉，盤心周圍畫人字鎧甲錦，並由四對夔龍圍成開光，內繪仕女採芝圖。底白地書紅色「大清乾隆年製」長方框三行篆書款。根據〈造辦處各作成做活計清檔〉3457 號載，凡來自廣州落此種格式年款的文物，應係乾隆二十一年以後的文物。

134. 清 乾隆 畫琺瑯瓜楞式手爐

Painted enamel hand warmer with lobes
Ch'ien-lung reign (1736-1795)
藏三一八1之1 故琺 03.11.000233 院 1988
高 10.3cm 長 16.1cm 寬 13.8cm 重 1187.1g

　　銅胎，橢圓形六楞式提梁手爐，爐內施白釉附懸銅膽。鏤空四瓣花與卍紋的銅爐蓋，爐身表面黃地飾纏枝花錦，每一楞上的開光內繪文人於庭院山林間對談、看書、寫字等情景。圈足下方有突出的雲紋式小足六，繪飾蔓草紋，底白地書紅色「大清乾隆年製」長方框三行篆書款。根據〈造辦處各作成做活計清檔〉3457號載，凡來自廣州落此種格式年款的文物，應係乾隆二十一年以後的文物。

135. 清 乾隆 畫琺瑯風景人物蓋碗

Painted enamel covered bowl decorated with landscape scenes and figures

Ch'ien-lung reign (1736-1795)

藏三一八7之4 故琺 03.11.000517 院 1973

高9.8cm 口徑12.1cm 重393.7g

　　銅胎，覆淺盞式蓋、侈口斂腹碗。內施白釉，圈足式蓋鈕外壁飾回紋，內白地中央飾一團龍紋，蓋面繪如意雲頭紋、纏枝花卉錦及回紋；碗繪纏枝花卉錦，三開光處繪人物風景，圈足繪回紋，底白地書紅色「大清乾隆年製」長方單框篆書款。根據〈造辦處各作成做活計清檔〉3457號載，凡來自廣州落此種格式年款的文物，應係乾隆二十一年以後的文物。

136. 清 乾隆 畫琺瑯山水人物爐、瓶、盒

Painted enamel censer, vase and box decorated with landscape scenes and figures
Ch'ien-lung reign (1736-1795)
列三九九 15 之 4 .6.12 院 1972
故琺 03.11.000082.84.90
爐高 5.7cm 最大腹徑 7.2cm 重 110.8g

銅胎，冂形立耳，三象足的鼎式小爐。爐內施淺藍釉，頸與三足黃地飾赭色卷草紋，爐腹兩側明黃地繪纏枝花葉，前後開光處繪農村風景人物。底白地書藍色「乾隆年製」雙方框雙行宋體字款。

瓶高 6.6cm 最大腹徑 3.9cm 重 40.1g

銅胎，中腰飾鍍金環之葫蘆瓶。瓶內施淺藍釉，瓶外頸部淺綠地飾如意雲頭紋及蕉葉。上層壺身白地繪百花錦，下層淺綠地繪卷草紋為錦，前後開光處渲染西洋房舍風景，左右畫團夔龍。底白地書藍色「乾隆年製」雙方框雙行宋體字款。

盒高 3.8cm 徑 5.1cm 重 42.6g

銅胎，扁圓盒，盒內施淺藍釉，蓋面周圍繪含八瓣花的龜甲紋為錦，中間開光內畫傳統山水人物；口沿飾與蓋面相同的錦地，下方繪薔薇牡丹和蘭花等紋飾，底白地書藍色「乾隆年製」雙方框雙行楷書字款。

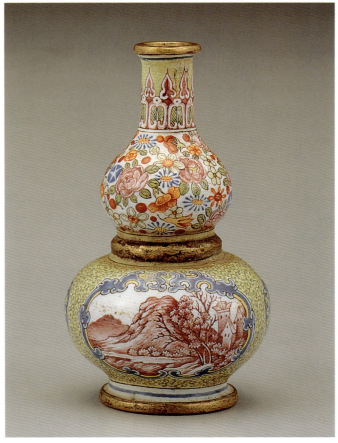

明清琺瑯工藝　256

137. 清 畫琺瑯九子攢盤及蓋盒

Nine painted enamel sundry dishes in covered box

Ch'ien-lung reign (1736-1795)

呂四七五 79 之 2 故琺 03.11.000370 院 1987

高 11.4cm 盒徑 34.5cm 重約 3850g

　　銅胎，扁圓直壁蓋盒，口掛一盤托，盤上周圍放置八個近梯形小盤，與中央一個圓形小盤拼湊成一大圓盤，托盤下方還有空間可盛物。器內施淺藍釉，每個小拼盤的壁繪裝飾花葉，盤心四周由紅蝠圍成，中央書團壽。盒外寶藍地，蓋面外圍繪花葉紋，次圈畫轉枝番蓮和佛教八寶，內圈為花葉紋，中央飾五蝠捧壽。蓋壁和盒壁畫圖案花及暗八仙，圈足飾卷草紋。

　　此型瓷器始見於萬曆晚期，盛行於康熙朝；至於琺瑯器皿，在本院藏品中則僅見有乾隆朝的文物，此應係十八世紀後期廣州製作的器皿。

138. 清 乾隆 畫琺瑯仿青花瓷盤

Painted enamel plate imitating blue and white ware

Ch'ien-lung reign (1736-1795)
呂四七五 4 故琺 03.11.000371 院 1987
高 3.3cm 口徑 24.5cm 重 608.6g

銅胎，斜壁平底盤。全器白地，盤口及盤心周圍分別飾一圈如意雲頭紋和拐子龍圖案，內壁及盤心飾各種四季折枝花卉（菊、蘭、荷、牡丹、海棠、萱草、月季及牽牛花等），盤外壁飾如意雲頭紋及纏枝番蓮各一圈，圈足飾回紋。底白地書藍色「大清乾隆年製」雙框三行楷書款。此器施用的色釉，係仿瓷器中的青花器皿，風格似廣州民間作坊製作之文物。

139. 清 乾隆 畫琺瑯皮球花提梁卣

Painted enamel *yu* vessel with loop handle and floral decoration

Ch'ien-lung reign (1736-1795)

列五 00 之 2 故琺 03.11.000043 院 2035

高 20.0cm 腹徑 13.6cm 重 535.0g

銅胎，半圓形蓋上附三鍍金環鈕，其一鈕上有鍊子與提梁相連，高提梁兩端分別成鳳首和如意雲頭式釘附在肩部。器內施淺藍釉，外表白地繪飾五彩皮球花。器底白地書藍色「乾隆年製」雙圓框雙行楷書款。

140. 清 乾隆 畫琺瑯皮球花觚

Painted enamel *ku* beaker with floral decoration

Ch'ien-lung reign (1736-1795)
列三0一之2 故琺 03.11.000524 院1919
高 31.0cm 口徑 18.4cm 足徑 8.4cm
重 1172.0g

　　銅胎，仿青銅酒器觚的形制，明清時期常將其當花瓶使用。喇叭口，鼓腹處飾四稜脊，器內施淺藍釉，器表白地繪蕉葉及皮球花裝飾。底白地書藍色「乾隆年製」雙圓框兩行楷書款。皮球花的紋飾在康熙朝的瓷器上常見，偶而也出現在小型的畫琺瑯的小盒上，到乾隆朝，則常出現在各種器型上。

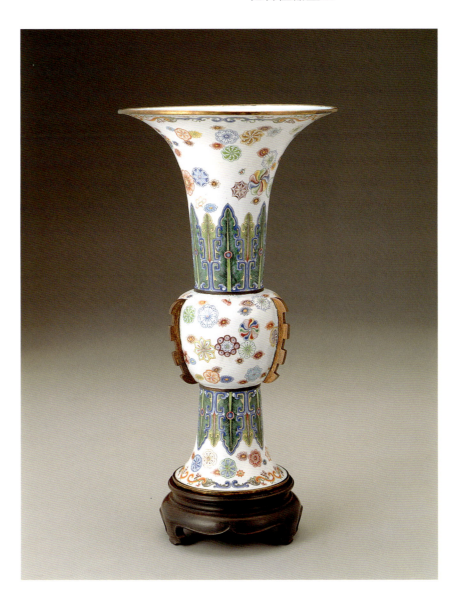

明清琺瑯工藝　261

141. 清 乾隆 畫琺瑯西洋人物瓶

Painted enamel vase with cloud handles and Western figures

Ch'ien-lung reign (1736-1795)

列五0四之2 故琺 03.11.000571 院 1719

高 20.6cm 口徑 6.2x5.2cm 重 387.8g

　　銅胎，立口，縮腰式頸，削肩，方腹下斂，長方足，頸附雲紋式雙耳。器內施湖藍釉，器表白地以各種朵花為錦，頸部四邊、肩及圈足上方飾蕉葉，方腹前後開光內繪不同之西洋人物風景，兩側各繪輪、螺、傘、蓋，和魚、瓶、花、盤長等佛教八寶。底白地書紅色「乾隆年製」雙方框雙行楷書款。附木座。

142. 清 乾隆 畫琺瑯喜相逢滷壺

Painted enamel sauce pot decorated with a pair of butterflies

Ch'ien-lung reign (1736-1795)

列六二九 故琺 03.11.000559 院 1990

高 8.0cm 口徑 5.5cm 腹徑 8.3cm 重 180.4g

　　銅胎，蓋鑲蓮瓣座之珊瑚珠鈕，壺流和把手各自從壺側的龍口內伸出，壺腹成扁柿形。器內施淺藍釉，器表嫩綠地繪纏枝花錦，蓋與壺身各裝飾穿花鳳蝶兩對。器底白地書藍色「乾隆年製」雙方框雙行宋體字款。

　　木匣陰刻填藍「乾隆年製銅胎畫琺瑯珊瑚頂喜相逢滷壺一件」。

143. 清 乾隆 畫琺瑯靈芝花卉杯

Painted enamel cup with flower-and-fungus decoration

Ch'ien-lung reign (1736-1795)
呂四七五 31 故琺 03.11.000469 院 1979
高 9.5cm 口徑 7.5cm 重 143.0g

　　銅胎，筒形杯。內施淺藍釉，外表白地繪五彩流雲錦，二開光處繪靈芝、水仙、月季、翠竹、紅蝠等，綠釉圈足上方飾兩層菊瓣紋。底白地書藍色「乾隆年製」雙方框雙行宋體字款。

144. 清 乾隆 畫琺瑯福壽瓶

Painted enamel vase with happiness and longevity motif

Ch'ien-lung reign (1736-1795)

呂四七五 9 之 1 故琺 03.11.000658 院 1947

高 13.4cm 口徑 4.7cm 重 189.3g

　　銅胎，口微侈，斜肩，梨腹。器內淺藍釉，器表白地，口沿下繪回紋、蕉葉紋各一圈，肩飾如意雲頭紋，腹繪竹枝靈芝蝙蝠，下方裝飾一圈蓮瓣紋；外撇之圈足飾回紋，底淺藍地書紅色「乾隆年製」雙方框雙行篆書款。

145. 清 乾隆 畫琺瑯團花蓋罐

Painted enamel covered jar with posy decoration

Ch'ien-lung reign (1736-1795)

呂四八八 5 之 1 故琺 03.11.000585 院 1906

高 38.3cm 腹寬 23.5cm 重 206g

　　銅胎，桃鈕冠形蓋，侈口，削肩，橄欖形罐腹。內施湖藍釉，器外白地繪各種圖案式團花為主紋，餘以各種雲頭紋、夔龍紋裝飾口、肩及圈足。底白地藍書「大清乾隆年製」雙長方框三行楷書款。這種裝飾繁密西洋式花卉紋飾的文物，應是廣州製品。

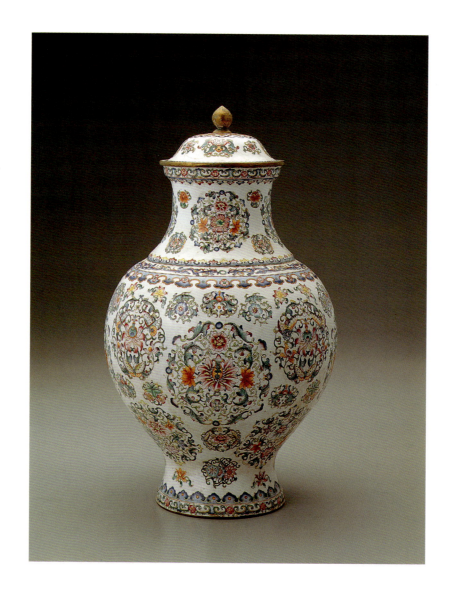

146. 清 乾隆 畫琺瑯西洋人物瓶

Painted enamel vase decorated with Western figures

Ch'ien-lung reign (1736-1795)

呂四八八1之1 故琺 03.11.000641 院 1950

高 36.4cm 腹徑 21.0cm 重 1602.7g

　銅胎，侈口，長頸，球腹，高圈足瓶。瓶內施淺藍釉，外表為棗紅色地飾纏枝花果為錦，頸、腹及圈足的前後開光，繪飾西洋人物、港口船隻、城堡、教堂等景致。器底白地書藍色「大清乾隆年製」長方框楷書款。此器應是廣州民窯燒製之器皿。

　此件文物曾於西元1998年參加巴黎「帝國的回憶」展。

147. 清 畫琺瑯西洋風景六方蓋罐

Painted enamel six-sided covered jar decorated with Western landscape scenes

Ch'ien-lung reign (1736-1795)

呂四八八 14 故琺 03.11.000388 院 2028

高 40.0 口徑 18.7-19.8cm 足徑 11.0-12.5cm

重 2387.1g

銅胎，全器呈六邊形，頸肩腹間呈階梯式區隔。器內施淺藍釉，器表粉紅地綴紅點和纏枝花為錦地，頸、肩、腹六面開光內繪西洋風景及人物，兩兩相同，六邊形矮足，底白地無款。就釉色及裝飾風格，應屬十八世紀後期廣州進貢之文物。

〈宮中進單〉0679 號載：乾隆四十一年十二月二十五日粵海關監督德魁進琺瑯六方瓶一對。但無法確定是否就是此件文物。

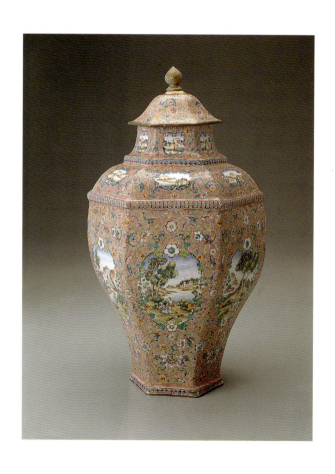

148. 清 乾隆 畫琺瑯花卉高足蓋杯

Painted enamel covered stem cup with floral decoration

Ch'ien-lung reign (1736-1795)
呂四七五66之2 故琺 03.11.000037 院 1932
高 27.4cm 口徑 12.8cm 重 918.0g

　　銅胎，四階式蓋鳳梨形蓋鈕，斂腹，夔龍雙耳，三階式的高足蓋杯。杯內施淺藍釉，器表蓋頂鏨裝飾花葉，填燒松石藍和寶藍色釉，其餘三階粉紅地繪西洋式裝飾花卉。杯口與腹下方鏨西洋式裝飾紋樣並填燒寶藍釉；高足上下鏨蓮瓣紋填燒寶藍色釉，其餘均在粉紅地上繪西洋式裝飾花卉。足底露胎，陰刻「乾隆年製」無框楷書款。此器應是廣州民間作坊仿西洋高足杯的形制製成。

明清琺瑯工藝

149. 清 畫琺瑯鳳紋高足把杯

Painted enamel stem cup with handle and phoenix decoration

Ch'ien-lung reign (1736-1795)

呂四七五 11 故琺 03.11.000322 院 1932

高 23.0cm 口徑 12.9cm

　　銅胎，錢幣式蓋鈕的二階式蓋，以轉軸與杯口相連，壓下按鈕即可開啟，把手由雙連環組合而成，以扁圓盒及外撇喇叭式圈足組成二階高足杯座。杯內施淺藍釉，器表白地，蓋鈕飾藍色團壽，鈕下裝飾葉紋與如意雲頭紋，周圍飾萱草、芍藥、茶花等花卉與裝飾花各一圈。杯身繪對鳳，下方飾朵花，杯座內中空施淺藍釉，器形與裝飾方式均具西洋的工藝美術風格。此器應係十八世紀後期在廣州生產的文物。

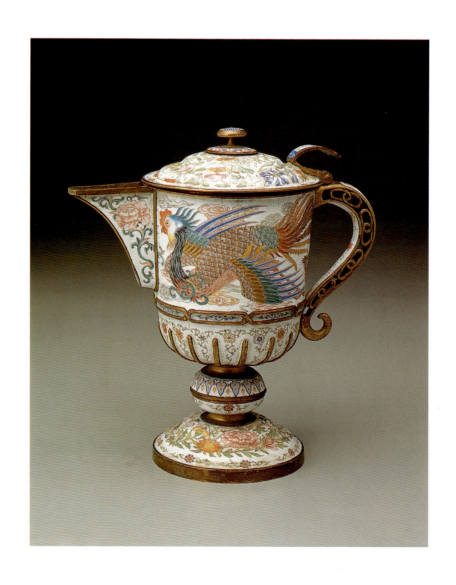

150. 清 嘉慶 畫琺瑯西洋人物鼻煙壺

Painted enamel snuffbox decorated with Western figures

Chia-ch'ing reign (1796-1820)

呂二○二八 22 故琺 07.11.000945 院 1904

高 5.4cm 重 29.0g

　　銅胎，削肩扁腹鼻煙壺。壺內露胎，銅蓋下木塞附骨匙。器表白地，肩繪花葉及雲紋，壺腹繪西洋人物。橢圓底略內凹，白地書藍色「嘉慶年製」無框楷書款。器表流釉，針孔頗多，畫工草率，足見琺瑯工藝已漸趨式微。

151. 清 康熙 內填琺瑯番蓮碗

Champlevé bowl with lotus-spray decoration

K'ang-hsi reign (1662-1722)

列四二七 17 故琺 02.11.000270 院 2381

高 4.8cm 口徑 11.8cm 重 181.5g

　k 金胎，略侈口，垂腹，矮圈足。碗內露胎，器表鏨細弦紋為錦，鏨圖案式的番蓮花葉裝飾，圈足則裝飾橄欖形圖案，填燒紅綠等色透明釉，透明釉下的弦紋清晰可見，不僅美觀，並使釉藥更易於固附在胎面。器底白地書深藍色「康熙御製」雙方框雙行楷書款。碗內模壓A及戳記等。

152. 清 乾隆 內填琺瑯番蓮碗

Champlevé bowl with lotus-spray decoration

Ch'ien-lung reign (1736-1795)

列四二七 5 之 1 故琺 02.11.000117 院 1977

高 4.9cm 口徑 11.7cm 重 242.4g

　　K 金胎，略侈口垂腹碗。碗內露胎，外壁鏨細密弦紋施黃色透明釉為錦地，飾以大小番蓮朵花及葉片，紅花綠葉在黃色錦地中顯得格外豔麗，圈足施綠透明釉以橄欖形圖案紋裝飾，清晰可見的弦紋，不僅美觀並使釉藥更易固附在胎面。底白地書藍色「乾隆年製」雙方框雙行楷書款。

153. 清 乾隆 內填琺瑯番蓮紋蓋碗

Champlevé covered bowl with lotus-spray decoration

Ch'ien-lung reign (1736-1795)

列三七五 13 之 3 故琺 02.11.000287 院 2381

高 9.0cm 口徑 10.9cm 重 372.2g

　　K 金胎，覆盞式蓋，侈口垂腹圈足蓋碗。器內露胎，器表鏨細弦紋，在黃色透明釉下清晰可見，不僅美觀並使釉藥更易固附在胎面，全器滿刻圖案式番蓮花葉，填燒紅綠透明釉，圈足式的蓋鈕中央陰刻團壽並填燒紅釉。底陰刻填紅「乾隆年製」藍方框雙行楷書款。

154. 清 乾隆 內填琺瑯番蓮紋提籃

Champlevé basket with lotus-spray decoration

Ch'ien-lung reign (1736-1795)

列三七五 7 之 1 故琺 02.11.000130 院 1977
高 11.8cm 口徑 13.4x14.6cm 重 425.3g

　　K 金胎，橢圓形八瓣瓜楞式腹及圈足。器內露胎，器表鏨細弦紋為錦地，器腹刻轉枝番蓮花葉，提把飾卷草紋，圈足裝飾橄欖形圖案，填燒黃、綠、紫、藍、紅等色透明釉，細密的弦紋在透明釉下清晰可見，既美觀又可使釉藥更易固附在胎面。籃底白地書藍色「乾隆年製」雙方框雙行楷書款。

155. 清 乾隆 內填琺瑯番蓮紋五供 一組

Set of five champlevé altar pieces with lotus-spray decoration
Ch'ien-lung reign (1736-1795)
餘一二三五 10 故琺 02.11.000975-979 院 2922
觚高 22.5cm 口徑 12.2cm 重 611.4-615.3g

　　K金胎，器形仿古銅酒器觚的形制。器表鏨刻細密的弦紋，在黃色透明釉下清晰可見，既美觀又可使釉藥更易於固附在胎面，圖案式的紅色番蓮朵花及綠色的蕉葉紋飾，在黃色錦地中顯得格外豔麗，器底白地書藍色「乾隆年製」雙方框雙行宋體字款。此對觚是佛堂供桌上五供組件之一。

燭臺高 26.7cm 足徑 9.6cm 重 655.2-647.5g

　　k金胎，釘狀燭阡下有承接熔化下滴燭油的盤，燭狀柱再接承盤及臺座。裝飾方式和年款均與觚同。此對燭臺是佛堂供桌上五供組件之一

爐高 23.0cm 口徑 12.8cm 重 1492.7g

　　K金胎，仿古銅器鼎的形制。寬邊爐口短頸豐肩，腹側鑲接一對弧形耳，三象足。裝飾方式和年款均與觚同。此爐是佛堂供桌上五供組件之一。

156. 清 乾隆 內填琺瑯西方仕女執壺、盃、盤

Champlevé ewer, cup and sauce decorated with Western female figures

Ch'ien-lung reign (1736-1795)

列三七五 5 之 2 故琺 02.11.000110 院 1977
列四七 10 之 1-2 故琺 02.11.000259-60 院 2380

壺高 19.9cm　最寬 12.6cm　重 539.7g

　　K金胎，蓮瓣座珊瑚鈕之壺蓋有鍊與把手相連，壺流自器腹的龍口伸出，並以雲紋橫樑和壺頸連接，並與他側的把手相呼應。壺身鏨鐫浮雕式西洋花草紋，填燒墨綠色琺瑯釉為錦地，蓋、頸、肩、腹及足部飾以各種形狀的開光，開光處繪各種不同的花卉、西洋的房舍及母子圖等。橢圓形足底平，陰刻「乾隆年製」雙方框雙行楷書款。

盃高 4.8cm　最寬 8.2cm　重 124.6g

k金胎，侈口斂腹圈足盃，附鏤空雲紋耳。盃內施淺藍釉，身鏨鐫浮雕式西洋花草紋，填燒棗紅色琺瑯釉（上面再罩燒一層透明釉）為錦地，腹前後開光，繪西洋母子圖，圈足繪各種朵花，底施淺藍釉，書藍色「乾隆年製」雙方框雙行楷書款。

盤盃通高 6.5cm　盤徑 18.4cm　重 476.0g

k金胎，十二片蓮瓣式的折沿平底盤，盤心呈覆碗式突起處為盃座。盤沿、盃座和盤心鏨刻浮雕式西洋花草，填燒綠和棗紅色琺瑯釉（上面再罩燒一層透明釉）為錦地，開光處畫不同的西洋式景致、花卉和母子圖，盤內壁繪百花錦，外壁繪轉枝卷草紋及轉枝花葉紋各一圈，底施淺藍釉，中央內凹處陰刻「乾隆年製」無框雙行宋體字款。

明清琺瑯工藝　279

清宮內廷收藏的內填琺瑯大多數以金、銀質為胎體，金銀質軟富延展性，鏨刻紋飾容易，然而金的化性穩定，表面不易生成氧化層，致使琺瑯釉不易潤濕器表進而附固在器皿上，因此往往在金中加入易於氧化的銅（即K金）、或將器表鏨成繁細的紋飾，增加琺瑯釉與器皿的附著力。

　　此組文物與曾於西元1996年赴美參加中華瑰寶巡迴展、1997年參加巴黎「帝國的回憶」展的文物形制完全相同。

明清琺瑯工藝　280

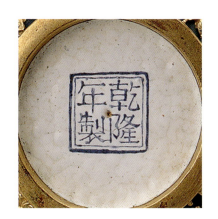

157. 清 乾隆 內填琺瑯番蓮紋瓶

Champlevé vase with lotus-spray decoration

Ch'ien-lung reign (1736-1795)

呂一五0—12 故琺 08.11.000824 院 2015

高 13.1cm 腹徑 8.8cm 重 199.2g

　　銅胎，侈口，球腹，圈足外撇，頸、肩和腹分別鏨刻浮雕式蕉葉、如意雲頭和番蓮紋。器內施淺藍釉，口沿下方繪花葉紋，器腹番蓮紋間填粘藍色塗料（似未經窯燒），四開光中繪不同的西洋建築及母子圖，圈足裝飾填燒藍釉的蓮瓣，底白地書藍色「乾隆年製」雙方框雙行宋體款。該器結合內填琺瑯及畫琺瑯的技法製成。

明清琺瑯工藝

158. 清 乾隆 內填琺瑯嵌寶高足蓋碗

Champlevé covered stem bowl inlaid with semiprecious stones

Ch'ien-lung reign (1736-1795)

中法 01.11.001459 中2193
全器高 28.1cm 碗高 14.0cm
座高 13.1cm 碗口徑 14.3cm 足徑 12.5cm

　　K金胎，全器由蓋、碗及座三部份組成。蓋與碗是由兩層壁接合成，內層表面滿鏨重疊短蕉葉紋，再填燒翠綠透明琺瑯釉，葉片脈絡清晰可見。器表則鏨細密的弦紋錦地及四、五、六瓣花為裝飾，填施翠綠透明釉，並鑲嵌紅、藍色寶石為花瓣。碗心圓框內錯「大清乾隆年製」三行楷書款。

　　器附黃籤：「貴四十九號，金胎琺瑯有蓋托靶碗一件」、「重查富字十九號金胎琺瑯嵌紅藍碎石有托靶碗一分」。

　　本院收藏另一件製作技法與裝飾式樣與此完全相同、而器形略不同的金胎內填琺瑯嵌寶蓋碗，係由六世班禪額爾德尼(羅桑貝丹也協)於乾隆四十五年八月初二進貢入宮，碗內盛紅花，紅花具幽香，可為藥用，或浸泡成甘露水，供佛教法事時用。圖中這件乾隆款內填琺瑯嵌寶高足蓋碗，製作的時間與功能大致應與班禪進貢之蓋碗相差不遠。

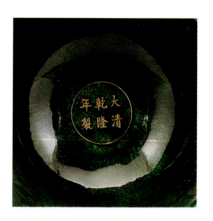

明清珐琅工藝 283

159. 清 內填琺瑯獸面紋方觚

Champlevé square ku beaker with animal-mask decoration
Ch'ien-lung reign (1736-1795)
騰六三 11 故琺 02.11.000051 院 2246
高 43.7cm 口徑 18.1cm 重約 3410g

K 銀胎，喇叭口而口沿豎立，豐肩，斂腹，底足外撇而底緣直立，觚的四角裝飾矩形稜脊，稜脊的矩面飾不同的紋飾，類似簡化的百壽文字，是一件製作非常精緻的仿古青銅方觚。器內露胎，器表鏨刻內含類似柿蒂紋之方格為錦地，口沿與足沿鏨拐子龍，喇叭口四面鏨刻獸面紋和圖案化的蟬紋，肩飾蕉葉紋，腹部為獸面紋，足飾變形鳳鳥和蟬紋、夔龍等紋飾，填燒藍、綠、白、褐等色釉，屬十八世紀中後期的文物。

160. 清 乾隆 內填琺瑯拐子龍紋瓶

Champlevé vase with dragon decoration
Ch'ien-lung reign (1736-1795)
呂四七五 2 之 1 故琺 02.11.000580 院 1906
高 22.5cm 腹徑 10.6cm 重 555.7g

　　銅胎，侈口，豐肩，斂腹，外撇圈足，全器呈六楞式。器內施淺藍釉，器表填寶藍釉，露出鏨飾的鍍金拐子龍、圖案式團花及雲紋等，底白地書紅色「乾隆年製」雙方框雙行楷書款。附木座。

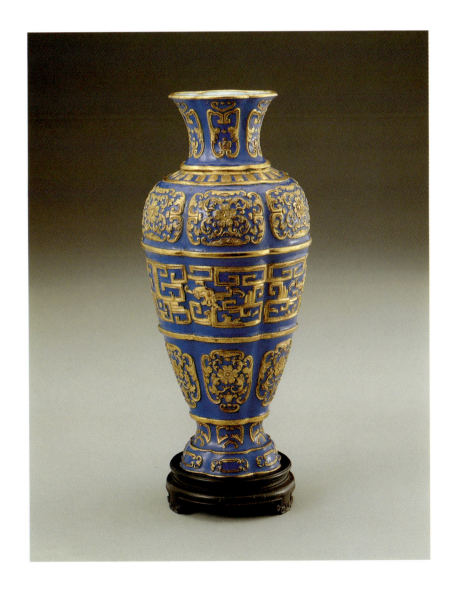

明清琺瑯工藝　285

161. 清 內填琺瑯拐子龍紋盒瓶

Champlevé vase-shaped box with
dragon decoration

Ch'ien-lung reign (1736-1795)

往一一0之23 故琺02.11.000394 院2055

高21.3cm 腹徑10.6cm 重545.3g

　　銅胎，瓶口侈而沿直立，豐肩，斂腹和外撇的平底，全器呈六楞式。自腹部可分成上下兩截，上截有底為瓶，下截以上截為蓋成盒。器內施淺藍釉，器表填寶藍釉，露出鏨飾的鍍金圖案花、拐子龍及雲紋等，底白地書紅色「乾隆年製」雙方框雙行楷書款。

　　此型器始創於乾隆朝，「盒瓶」諧音「和平」，又因瓶心有平底，上下合成一器，寓意「心平氣和」。

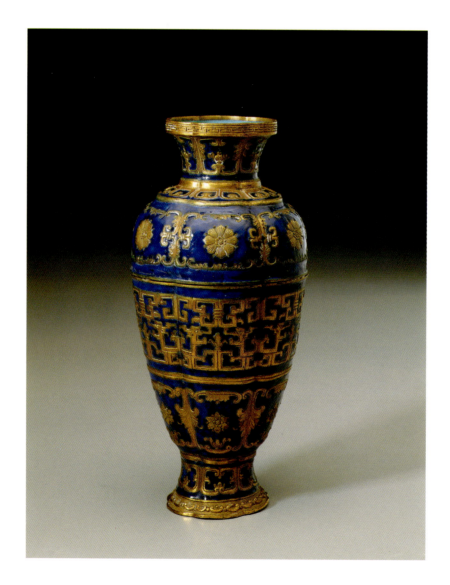

162. 清 乾隆 內填琺瑯海棠式盒

Champlevé box in the shape of a begonia flower

Ch'ien-lung reign (1736-1795)

呂四八八 26 之 1 故琺 02.11.000673 院 1947

高 8.3cm 口徑 30x25.7cm 重 2779.5g

銅胎，海棠式蓋盒，器內淺藍釉，外壁鏨淺浮雕式西洋卷葉纏枝花卉，間隙中填琺瑯釉，蓋頂開光處畫西洋人物、港口、船舶。海棠式圈足內白地書藍色「乾隆年製」雙方框雙行宋體字款。

163. 清 內填琺瑯貼金爐、瓶、盒

Champlevé censer, vase, and box gilded with gold

Ch'ien-lung reign (1736-1795)

呂四八八 11 故琺 03.11.000877-9 院 2218

爐高 14.8cm 最大腹徑 15.1cm 重 666.2g

　　銀胎，獅鈕，四開光式鏤空蓋，短頸，柿形腹，獅耳，三足鼎立。爐口掛一鍍金內膽，爐腹及底部分別鏨成龜甲及漩渦紋為錦，裝飾連「T」、蕉葉等紋飾，填燒藍、粉紅、綠色透明琺瑯釉，並於藍釉處貼金箔花葉等，最後器表再施無色透明釉。

瓶高 12.6cm 腹徑 7.2cm 重 212.5g

　　銀胎，長頸、削肩、梨腹、撇圈足、螭耳瓶。瓶內露胎，外表鏨成凹凸紋為錦地，並裝飾蕉葉和如意雲頭紋，填燒藍、綠色透明釉，並於藍釉處貼金箔花葉等，最後器表再施無色透明釉。

盒高 4.8cm 徑 7.4cm 重 138.5g

　　銀胎，中央平周圍斜之直壁蓋，器身與蓋同形的圈足盒。盒內鍍金，外表鏨成凹凸錦地，蓋與盒各鏨一圈蕉葉紋，填飾藍、粉紅和綠色透明琺瑯釉，並於藍釉處貼金箔花葉等，最後器表再施無色透明釉。

　　此類於器表鏨地紋兼貼金銀箔的內填琺瑯器，應係十八世紀產自廣州的文物，例如英國維多利亞博物館藏品中就落「廣東天源」行記款的同類作品。

明清琺瑯工藝 289

164. 清 內填琺瑯纍絲盒

Champlevé box with filigree work

Late 18th to 19th centuries

呂五三五 875 之四　故法 02.11.000022　院 1924

高 9.0cm　長 17.7cm　寬 16.5cm　重 797.1g

　　銀胎，蓋分三層，上層圓形，次層長八方形，下層與盒身相同呈十二楞扁橢圓形。盒內鍍金，盒外包卷鬚及方格式纍絲網，網上的花葉、壽字和蝙蝠（其中四隻繫附在器面）填燒深、淺藍，黃和紫色釉，器底鍍金。此類填燒琺瑯釉的技法俗稱為點藍或燒藍。用點藍技法製作纍絲首飾的時間，一直延續到民國，此盒應屬十八世紀後期到十九世紀製作的文物。

國家圖書館出版品預行編目資料

明清琺瑯器展覽圖錄 = Enamel ware in the Ming and Ch'ing dynasties ／陳夏生著；國立故宮博物院編輯委員會編輯. ——初版. ——臺北市：故宮. 民88
　面；　公分

ISBN 957-562-343-6（精裝）

1.琺瑯器 — 圖錄

796.6　　　　　　　　　　88000193

版權所有

中華民國八十八年二月初版一刷
中華民國新聞局登記證局版臺業字第2621號

明清琺瑯器展覽圖錄

發行人：秦孝儀
編輯者：國立故宮博物院編輯委員會
著　者：陳夏生
美術設計：陳文育
版面編排：高青
攝　影：張致文、林健毓
英文翻譯：蔡依倫
出版者：國立故宮博物院
　　　　中華民國台北市士林區外雙溪
　　　　電話：(02)28812021-4
　　　　電傳：(02)2882-1440
　　　　郵撥帳戶：0012874-1
印刷者：漢光文化事業股份有限公司
　　　　台北縣汐止鎮新台五路一段79號11樓之7
　　　　電話：(02)2698-4565

Copyright © 1999 by the National Palace Museum

First printing, February 1999

Enamel Ware In The Ming And Ch'ing Dynasties

DIRECTOR: Ch'in Hsiao-i
AUTHOR: Chen Hsia-Sheng
PUBLISHER: NATIONAL PALACE MUSEUM
　　　　　　Wai-shuang-hsi, Shih-lin, Taipei 111, Taiwan,
　　　　　　Republic of China
　　　　　　TEL: 886-2-28812021, FAX: 886-2-28821440
PRINTER: Hilit Publishing Co., Ltd.
　　　　　11F-7, No. 79, Hsin-Tai-Wu Rd., Sec. 1,
　　　　　Hsichih Town, Taipei County, Taiwan, R.O.C.
　　　　　TEL: 886-2-2698-4565　FAX: 886-2-2698-4980

GPN : 020018880011

ISBN 957-562-343-6